Micha Hilgers

Leidenschaft, Lust und Liebe

Psychoanalytische Ausflüge zu Minne und Mißklang

W0085431

Vandenhoeck & Ruprecht
in Göttingen

Die Deutsche Bibliothek – CIP-Einheitsaufnahme

Hilgers, Micha:
Leidenschaft, Lust und Liebe : psychoanalytische Ausflüge
zu Minne und Mißklang / Micha Hilgers.–
Göttingen: Vandenhoeck & Ruprecht, 2001
ISBN 3-525-01466-X

Umschlagabbildung: Eric Peters, »Warum kannst du die Dinge
nicht einmal so wie ich sehen«, Ölfarbe auf Leinwand und Holzplatte,
128 cm × 83 cm, 2001.

Satz: Satzspiegel, Nörten-Hardenberg
Druck- und Bindearbeiten: Hubert & Co., Göttingen

Inhalt

Vorspiel, Vorwort und die Liebe als Spiel 9

*Verliebtheit und Liebeskummer meinen vor allem
die eigene Person*
Verliebtsein verspricht den Aufbruch zu neuen
Lebenschancen 17

Die Kunst der dauerhaften Liebe
Um den Zauber der Liebe zu erhalten, bedarf es
eigener Bereiche für beide Partner 23

Liebe auf Zeit
Paare mit großem Altersunterschied stellen die
Illusion unbegrenzter Partnerschaft in Frage 27

Der Reiz des Abenteuers
Dreiecksbeziehungen und Seitensprünge haben einen
hohen emotionalen Preis 33

Der unbedingte Wunsch nach Nachwuchs
Bei künstlicher Befruchtung bleiben die Motive
des Kinderwunsches oft unbeachtet 39

Aus zwei werden drei
Die neue Elternrolle verändert die Partnerschaft 47

Schritte ins Leben
Das Einfühlen in die Persönlichkeit eines anderen ist
die Grundlage für Liebe und Freundschaft 53

Konflikt, Trennung und der Respekt vor der Würde
Streiten hält Liebesbeziehungen und Freundschaften
lebendig 59

Die Liebe in den Zeiten der Patchwork-Restfamilie
Oder: Faule Lehrer, ignorante Eltern und Appelle
konzeptionsloser Politiker 65

Der Riß durchs Herz
Bei Verläßlichkeit und Transparenz sind
Trennungskinder nicht zwangsläufig belasteter 71

Der Mythos der neuen Lustlosigkeit
Sexualisierung der Gesellschaft und der Verlust
an Intimität 77

»Pictures of Lily«
Nicht nur die Art der Pornographie, sondern auch
die Phantasien des Konsumenten sind entscheidend . . 83

Der Kern der Perversion ist Feindseligkeit
Nicht Praktiken, sondern Phantasien sind
kennzeichnend 91

»Ich stelle gleich die Ordnung auf«
Einfache Werturteile bei komplexen Problemen
begünstigen die massenhafte Flucht zum
Familienheiler Bert Hellinger 97

*Nicht Lust an der Qual, sondern ein leidenschaftliches
Über-Ich ist für Selbstaufopferung verantwortlich*
Unterwerfung unter strenge Normen entlastet von
unerträglichen Selbstvorwürfen 111

Selbstliebe und die Achtung von Werten und Idealen
Gewissen und Ich-Ideal bestimmen maßgeblich die
Liebe zum Selbst und zu den Mitmenschen 117

Heimatliebe und Nationalstolz
Die Völker der Europäischen Union benötigen
verbindende Symbole, auf die sie stolz sein können . . 123

Nachwort nach der Liebe 131

Dank 135

Literaturhinweise 137

Vorspiel, Vorwort und die Liebe als Spiel

Er sieht sie sofort. Sie sitzt auf einem Canapee und hat einen Kaffee bestellt, der nach österreichischer Art mit einem Glas Wasser serviert wird. Fenster und Türen des Kaffeehauses sind weit geöffnet, um die laue Spätsommerluft des frühen Abends hereinzulassen. Die beiden kennen sich kaum. Das Rendezvous ist der spielerische Versuch, sich nach einer kurzen Begegnung in ihrer Heimatstadt in seiner wiederzusehen. Auf der Fahrt wurde ihr Gepäck gestohlen. Ihr leichtes Kleid taugt nicht für den Geschäftstermin am kommenden Tag. Auf dem Weg in ein Bekleidungsgeschäft überzeugt er sie, daß sie eigentlich gar keine andere Kleidung für den morgigen Tag benötige. Bummeln wir lieber noch ein wenig über die alten Plätze und die Gäßchen des mittelalterlichen Zentrums. Gut, aber wenigstens frische Wäsche möchte sie. Die beiden landen in der Wäscheabteilung eines Nobelkaufhauses.

Mögen Sie mit aussuchen, lacht sie.

Gern, lacht er zurück. Welche Farbe bevorzugen Sie?

Hm, zu dem Kleid paßt eigentlich alles. Und welche mögen Sie? Eigentlich auch alle, bis auf Champagner, das erinnert mich an meine Kindheit mit den ausladenden Brüsten meiner Tanten.

Das Problem tritt hier nicht auf.

Stimmt, aber ehrlich gesagt, habe ich das noch gar nicht so genau bedacht.

Sie schlägt Bordeauxrot vor. Eine Verkäuferin tauscht mit ihrer Kollegin Blicke über das offensichtliche Liebespaar, das aufgeregt und erhitzt Wäsche aussucht und sich siezt.

Jetzt müssen Sie aber zu dem BH das passende Höschen mitsuchen.

Gut, aber es gibt verschiedene Formen.

Was meinen Sie, steht mir am besten?

Das müßte ich sehen.

Dahinten ist die Umkleide.

Der Ernst des Spiels und das Spiel mit der ernsthaften Möglichkeit halten sich die Waage. Beide wissen, daß Sie spielen, und genießen die Möglichkeit der Ernsthaftigkeit. Die Leichtigkeit des ernst werdenden Flirts gebiert aus der Verrücktheit der Situation. Alles ist jederzeit wieder rückgängig zu machen. Und deshalb ist fast alles möglich. Und: Die Leichtigkeit läßt in beiden das Gefühl wachsen, daß etwas sehr Ernstes möglich werden könnte.

Das Angebot der »Frankfurter Rundschau«, eine Serie über Liebe zu schreiben, auf der dieses Buch basiert, schien mir fast obszön, ganz sicher jedoch viel zu oberflächlich: Darf und kann ein Psychoanalytiker in leichter Form über so etwas Schwieriges, ja Schweres wie die Liebe schreiben? Würde ich mich nicht der Lächerlichkeit der Fachöffentlichkeit preisgeben, wenn ich so leichtfertig die hehren Gefilde der Psychoanalyse verließe, dabei allen gebotenen Ernst hinter mir lassend, um mich mit Leidenschaft und Lust zu befassen, flatterhafter Verliebtheit oder zähen Verkrustungen längst verblaßter Liebesträume? Ich war mir bereits sicher, das Ansinnen unter Verweis auf die Zumutung, ich solle mich auf eine Ebene des »Fragen Sie Onkel Hilgers« begeben, brüsk abzulehnen.

Zweifel an meiner Entschlossenheit kamen mir angesichts der offensichtlichen Schamthematik, die mich ängstigte und Zuflucht zur stolzen Berufsehre nehmen ließ. Die Liebe beschäftigte die Psychoanalyse von der Stunde ihrer Geburt an. Freuds Schaffen war bestimmt durch den Versuch, menschliche Irrationalität auf das Wirken des Sexualtriebs im Konflikt mit den Forderungen der Kultur zurückzuführen. Die Säuglingsforschung weist die verheerenden Folgen von Mangel an Empathie und liebevoller Zuwendung in der Erziehung unserer Kinder auf. Kaum ein Patient, der nicht eingangs über seine Schwierigkeiten in Beziehungen im allgemeinen und mit der Liebe im besonderen klagt – seien die Probleme nun sexueller oder ganz einfach intimer Art. Und ebenfalls kaum ein Patient, der nicht nach erfolgreicher Behandlung die Verbesserung seiner Erlebnis- und Beziehungsfähigkeit besonders betont – immerhin rund 80 Prozent der psychoanalytisch Behandelten, wie die Psychotherapieforschung nachweist. Und wozu, wie mir ein Patient in erfrischender Offenheit einmal sagte, der ganze Streß, wenn es in der Liebe nicht stimmt?

Am Ende berührt die Auseinandersetzung mit Liebesbeziehungen immer auch die eigenen, oft schmerzlichen Erfahrungen mit ihr, die aktuellen als Erwachsener, mit ihren unerfüllten Sehnsüchten und Träumen, wie auch jene der Vergangenheit, die eigene Kinderseele mit ihrem unbedingten Wunsch nach liebevoller Zuwendung und Verständnis. Die Flucht in den Turm der Wissenschaft als Rückzug aus den engen Gassen und Winkeln zwischenmenschlicher Verwirrungen und Leidenschaften, Gemeinheiten und Offenbarungen?

Psychoanalyse, die sich in der Tradition der Aufklärung versteht, beschäftigt sich beinahe in jeder Stunde auch mit der Art, wie Patient und Analytiker oder Analytikerin miteinander umgehen, aggressiv oder sachlich, leise oder lärmend, sanft oder fast auch ein wenig zärtlich. Gelingende Behandlung steht und fällt mit der Intaktheit der therapeutischen Beziehung, mit dem trotz aller Konflikte und Affekte auch liebevollen Umgang miteinander, der sich in Humor und Witz, dem Teilen und Teilhaben an alten Schmerzen und neuen Erfolgen und der Empathie zunächst der Analytikerin oder des Analytikers, schließlich aber auch in der Fähigkeit des Patienten oder der Patientin, sich in andere besser einfühlen zu können, äußert. Psychoanalytische Behandlung ist eine kleine traurig-schöne, leise Liebesgeschichte: Sie endet, wenn die Beziehung nicht mehr von heftigen Konflikten erschüttert wird, sich die beiden zunehmend auf einer Erwachsenenebene begegnen und der Patient feststellt, daß und wie sein Behandler menschlich ist.

Eine gelingende psychoanalytische Behandlung hat einen spielerischen, gelegentlich auch verspielten Charakter: Die beiden bewegen sich auf zwei Ebenen. Patient wie Analytiker erleben, wie und was der Patient erzählt und wie die Behandlerin antwortet. Und sie spielen damit:

Moment sagt der Analytiker, eben haben Sie gesagt, wenn Sie hier jemand sehen und hören würde, was Sie gerade erzählen, der würde denken, Sie wären bescheuert.

Ja, sagt der Patient.

Das heißt, sagt der Analytiker, Sie stellen sich vor, Sie müßten sich schrecklich schämen, mit dem, was Sie hier offenbaren.

Ja, das stimmt, sagt der Patient, ich stelle mir oft vor, wie lächerlich ich bin und mich andere finden.

Nun ist aber niemand außer uns beiden hier, antwortet der Analytiker, und wenn wir mal annehmen, ich finde Sie nicht lächerlich, dann gibt es irgendetwas in Ihnen, das Sie lächerlich findet.

Hm, sagt der Patient, ich glaube Ihnen, daß Sie mich nicht auslachen.

Wenn ich es nicht bin, wer ist es dann, der Sie auslacht? fragt der Analytiker und schlägt dem Patienten ein Spiel vor: Wir tun so, als ob noch jemand hier wäre, und vielleicht können wir ja dann etwas über Ihre Angst vor der Lächerlichkeit erfahren.

Und der Patient geht auf das Spiel ein und antwortet, eigentlich hat mein Vater mich immer ausgelacht, wenn ich etwas falsch gemacht habe. Heute kann ich es bei meinen eigenen Kindern kaum ertragen, wenn Sie einen Fehler machen oder was ich dafür halte.

So daß Sie das an Ihren Kindern bekämpfen, was Sie selbst einmal waren oder irgendwo immer auch noch sind.

Ja, findet der Patient und wird traurig.

Erneut wählt der Analytiker eine spielerische Ebene: Das ist so, als ob Sie die Wahl hätten zwischen der Traurigkeit, die Sie jetzt fühlen, und dem Zorn, mit dem Sie an anderen bekämpfen, was Sie nicht sein durften und doch waren und immer auch sind.

Die beiden spielen. Sie wechseln zwischen der Ebene unmittelbaren Erlebens und der des Als-Ob. Und weil sie dies wissen und sich dieses Mittels bedienen, hat ihre Arbeit das spielerische Element einer Liebesbeziehung, ohne doch wirklich eine Liebesbeziehung zu sein. Vielleicht machen sich die beiden Vorschläge wie Kinder, die ein Spiel beginnen: Du wärst der verkleidete Räuber und ich wäre der Polizist. Ja, und dann gingst du in das Haus und versuchst den Schatz zu stehlen. Und ich käme dann und krieg dich. Nein, du kriegst mich nicht, ich könnte weglaufen. Na gut, aber ich fahre hinter dir her und fange dich. Der Analytiker übernimmt vielleicht die Rolle des Vaters, und der Patient antwortet seinem Vater erstmals aus einer anderen Perspektive: der des Erwachsenen, der das Kind in sich schützt und verteidigt. Oder der Analytiker spielt den kindlichen Patienten gegenüber dem Patienten, der wiederum seinen Vater spielt.

Das Spiel in der Liebe hält die Liebesbeziehung lebendig, es erhält die Möglichkeiten, die jeder in sich und im anderen sieht und entdeckt und dem Gegenüber vorschlägt: Und du wärst der Mann im Anzug mit Krawatte, könnte eine freakige Frau ihrem flippigen Freund in einem Geschäft vorschlagen, der daraufhin in der Umkleidekabine verschwindet und alsbald als nobler Gentleman vor Spiegel und Geliebter erscheint.

Ob nicht nur der Anzug, sondern auch die Rolle paßt und eine andere, eventuell ungelebte Saite zum Klingen bringt? Es ist die Vorläufigkeit, die die Vielfalt der eigenen Möglichkeiten durch die spielerischen Vorschläge des anderen entdecken läßt.

Diese Vorläufigkeit, die Rückholbarkeit von Phantasien im Gegensatz zum Handeln beschäftigte schon Freud: »Probehandeln« nannte er diese kreative Seite der Phantasie.

Phantasien über sich, den anderen und die Liebesbeziehung halten ein Paar lebendig, schützen es vor Verkrustungen des grauen Alltags, die jede Liebe bedroht. »Eben darin besteht ja die Liebe, das Wunderbare an der Liebe, daß sie uns in der Schwebe des Lebendigen hält, in der Bereitschaft, einem Menschen zu folgen in allen seinen möglichen Entfaltungen, staunte Max Frisch und empfahl den Liebenden: »Du sollst dir kein Bildnis machen«. Auf daß die Liebenden in ihrem Spiel lebendig bleiben und ihre Spielregeln immer wieder neu erfinden können wie Kinder, die sich gegenseitig Vorschläge über ihre Spiele machen.

Warum also nicht doch über die Liebe schreiben?

Verliebtheit und Liebeskummer meinen vor allem die eigene Person

Verliebtsein verspricht den Aufbruch zu neuen Lebenschancen

»Liebe und Freundschaft der meisten Menschen ist ein Füllen der eigenen Leere mit fremdem Inhalt«, bemerkte der Dichter Friedrich Hebbel. Das können Verliebte an sich selbst überprüfen. Das Herz läuft über, der Himmel ist voller Geigen, nichts scheint unmöglich, und man oder frau fühlt sich großartig und voll. Entsprechend tief gestaltet sich der Absturz. Während des freien Falls können sich unglücklich Verliebte immerhin in aller Ruhe fragen, wen oder was sie eigentlich vergötterten.

Im Unterschied zu einer dauerhaften Liebesbeziehung kennt der Verliebte seinen Schwarm eigentlich kaum und weiß von seinen Arten und Unarten wenig. Wer verliebt ist, ist daher auf seine Phantasien verwiesen – meist freilich, ohne dies zu realisieren. Meint Liebe tatsächlich das Gegenüber trotz oder mit und vielleicht sogar wegen seiner Makken, bezieht sich die Verliebtheit auf die eigene Person und ihre Ideale: Wer verliebt ist, wünscht sich, daß das Objekt der Idealisierung möglichst den eigenen Vorstellungen entspricht. Verliebtheit ist ein Entwurf für die Zukunft und eine Projektion der inneren Paradiesvorstellungen auf die angebetete Person. In sprachlichen Wendungen kommt dies klar zum Ausdruck: Vergöttern, schwärmen, anbeten, verehren sind Ausdrücke, die genausogut religiöse Prozeduren bezeichnen könnten.

Die Vergötterung während der Verliebtheit findet im inneren Tempel des Idealsystems statt. Für den verwaisten Altar der Utopie findet die Verliebtheit die Ikone der Anbetung. Insofern ist Verliebtheit ein selbstbezogener Zustand. Erst langsam wächst die reale Person in inneren Bildern heran, die die Idealisierung ersetzen oder wenigstens korrigieren. Doch ein Stück der Idealität bleibt jeder dauerhaften Liebesbeziehung erhalten, wenn sie lebendig bleiben soll.

Weil der oder die Verliebte seinen Entwurf mit der realen Person vergleicht, setzt die Verliebtheit immer auch Utopien, Wünsche und Hoffnungen frei, die bisher nicht oder nicht in Gänze verwirklicht wurden. Verliebtheit ist ein Aufbruch der Seele zu neuen Ufern, allerdings nicht ohne imaginierte Begleitung durch den ersehnten Partner.

Die Wucht der Aufbruchstimmung in Phasen der Verliebtheit setzt Kräfte frei, die für den erhofften Eintritt in einen neuen Lebensabschnitt dringend benötigt werden, um nicht an alten Gewohnheiten und der Angst vor dem Neuen zu scheitern: Die Verliebtheit ist die Revolution der Seele gegen die Diktatur der Gewohnheit und Mittelmäßigkeit.

Das Herzeleid des unglücklich Verliebten betrifft daher weniger die angebetete Person als die Vergötterung einer vorgestellten Zukunft, die dann doch nicht eintrifft. Die dabei auftretenden Symptome wie Appetitlosigkeit, schlechter Schlaf und Gefühle von Sinnlosigkeit und Leere sind typisch für eine Depression. Der unglücklich Verliebte ist auf sich selbst zurückgeworfen und betrauert im günstigen Fall den Verlust einer konkreten Hoffnung. Die Selbsttherapie des Liebeskranken besteht in der Frage, was an der anderen Person das Feuer entfachte: Was glaubte ich am anderen zu entdecken, was ich selbst an ungelebten Träumen und Hoffnungen in mir trage? Und wie kann ich diese Utopien in meinem Leben besser realisieren, ohne sie an einem personifizierten Hoffnungsträger festzumachen, von dessen Gunst dann scheinbar alles abhängt?

Auch im glücklichen Fall stellen die Erschütterungen, die die Verliebtheit auszulösen imstande ist, und die Unsicherheiten, ob das Ansinnen auf Gegenliebe stößt, eine ernsthafte Belastung für das seelische Gleichgewicht dar. Auf und Ab, Zweifel und Nöte und die Versuche, Zeichen und Signale des weitgehend noch unbekannten Gegenübers zu deuten, werfen den Verliebten in eine fast paranoide Verfassung und erfordern ein hohes Maß an Spannungstoleranz. Das süße Leid will durch den Verliebten erst einmal ertragen werden: Die Fähigkeit, sich zu verlieben, Hoffnungen und Utopien wachwerden zu lassen, weckt die Angst vor Enttäuschungen und Zurückweisungen. Dies ist der Grund, warum allzu heftige Liebesgefühle von vielen Menschen nicht ertragen werden. Denn die tatsächliche Abhängigkeit von einem weitgehend unbekannten Menschen kann nur ertragen, wer ein grundsätzliches Vertrauen in Beziehungen zu anderen erworben hat und trotz gelegentlicher Enttäuschungen an die Möglichkeit des Gelingens von Liebesbeziehungen glaubt.

Doch Verliebtheiten können auch zur zwanghaften Wiederholung ewig gleicher Enttäuschungen werden. Jutta G. (Name geändert) verliebt sich immer wieder in unerreichbare Männer, die entweder im Begriff stehen zu heiraten, sich unmittelbar vor einem dauerhaften Auslandsaufenthalt befinden oder deutliches Desinteresse zeigen. Was Freunde und Bekannte zunächst anrührt und schließlich nervt, ist die schwärmerische Distanz zu einem männlichen Idol, das gerade wegen seiner Unerreichbarkeit verehrt wird und deshalb auch austauschbar bleibt. Die Sicherheit, nicht wirklich eine intime, nämlich intensive Beziehung zu einem realen Gegenüber einzugehen, schützt die Idealisierung der fernen Männerfiguren, die immer nur plakativ bleiben. Schmerz und Leid der ewig unglücklich Verliebten täuschen über die Unfähigkeit hinweg, sich einem anderen hinzugeben und dabei doch frau selbst zu bleiben.

Neigt der unglücklich Verliebte zu Symptomen einer Depression, kann das Sichverlieben umgekehrt jedoch auch als Abwehr gegen drohende Gefühle von Leere oder Sinnlosigkeit dienen – nicht zuletzt auch in einer bestehenden Partnerschaft. Sind existentielle Fragen grundsätzlich gelöst, die gemeinsamen Kinder aus dem Haus oder weitgehend unabhängig, stellt sich für das Paar die Frage nach der Zukunft neu: Soll das schon alles gewesen sein? Gibt es neue gemeinsame Ziele und Projekte, oder endet die Partnerschaft mit dem Ende der Erziehungszeit? Die Krise im mittleren Alter konfrontiert mit den nur noch begrenzten Möglichkeiten. Die neue große Liebe dagegen gaukelt noch einmal ewiges Glück und ewiges Leben vor und kann von der Last anstehender Sinnfragen wenigstens kurzfristig befreien.

Im Extrem werden überhaupt keine dauerhaften Partnerschaften eingegangen. Denn verbindliche Beziehungen konfrontieren mit Grenzen und Schwierigkeiten, vor denen die Flucht in die Unverbindlichkeit schützt. Der puer aeternus, der ewige Jüngling, ist wörtlich zu nehmen: Die Illusion eigener Unbegrenztheit und Unsterblichkeit läßt sich in einer verbindlichen Beziehung nicht aufrechterhalten. Tiefere Empfindungen – seien sie schmerzlich oder beglückend –, die die eigene Person immer auch erschüttern, werden durch das zwanghafte Wiederholen von kurzfristigen Bekanntschaften vermieden. Im wesentlichen bleiben die Liebesgefühle selbstbezogen: Die Verliebtheit ist in sich selbst vernarrt, nicht jedoch auf reale Personen bezogen.

Verliebte können sehr unterschiedliche Partnerwahlen

treffen. Besonders Jugendliche suchen sich oft einen Partner, der einem selbst scheinbar völlig ähnelt. Der Zwilling garantiert die Illusion von Symbiose und Gleichheit – Trennendes, Konflikthaftes oder Fremdes, das immer auch Ängste weckt, scheint nicht zu existieren. In der Adoleszenz und der Zeit der Ablösung vom Elternhaus, die ohnehin zahlreiche Trennungserfahrungen mit sich bringt, schafft die symbiotische Partnerschaft Sicherheit in der Welt, in die man gerade hinauszieht.

Hingegen weckt ein Partner, der sich von einem selbst scheinbar gänzlich unterscheidet, die Neugier und läßt zugleich einen exotischen Zauber entstehen, den das Objekt der Begierde umgibt. Allerdings kann das ganz andere am anderen auch rasch zur Quelle von Angst und Ärger werden, wie bei Holger T., der sich in eine afrikanische Frau verliebte und ihre ruhige, langsame und heitere Art anfangs sehr schätzte. Als das Paar eine Beratung aufsucht, nennt Holger T., ohne es zu bemerken, genau diese Eigenschaften, in die er sich damals spontan verliebte, als Grund des Klagens. Auf die Frage, was ihn jetzt störe, ist es die Langsamkeit und die – wie er findet – zu geringe Ernsthaftigkeit, die er kritisiert.

Holger T. fühlte sich eher vom Reiz des Neuen und Fremden angezogen, was ihm willkommene Abwechslung bot, als von seiner Frau als Person, die er in der Phase der Verliebtheit und Idealisierung gar nicht wahrnahm. Zudem repräsentierte seine Frau eine eigene, ungelebte Seite, nämlich die ruhige Langsamkeit, die Holger an sich haßte, weil sie ihm als Kind immer wieder als belächelnswerter Fehler vorgehalten wurde. Damit geriet Holger unbewußt in ein Dilemma: Er liebte an seiner Frau, was er an sich selbst haßte und er schließlich auch an seiner Frau bekämpfte.

Endet die Verliebtheit, so geht auch die Beziehung in die Brüche – oder sie verwandelt sich in eine dauerhafte Liebe.

Daß nicht alle Wünsche und Hoffnungen in Erfüllung gehen, die der neue Partner zu versprechen schien, ist vornehmlich eine Kränkung der eigenen Idealität. Erst zu diesem Zeitpunkt beginnt eine realistische Prüfung durch das Paar: Ob die beiden zusammenleben können – ob in gemeinsamen Räumen oder getrennt. Verliebtheit verspricht Unsterblichkeit, indem sie ewige Liebe vorgaukelt. Eine Liebesbeziehung hingegen steht für eine gemeinsame Zeit unbekannter Dauer. Die Endlichkeit aber bleibt. Denn »die Liebe ist das einzige Märchen, das mit keinem ›es war einmal‹ beginnt – aber schließt«, wie der österreichische Aphoristiker Hans Lohberger meinte.

Die Kunst der dauerhaften Liebe

Um den Zauber der Liebe zu erhalten, bedarf es eigener Bereiche für beide Partner

»Erotik macht aus einem Trotzdem ein Weil«, meinte der Wiener Aphoristiker Karl Kraus. Die schwierige Gratwanderung zwischen Intimität und Abgrenzung beider Partner erhält die erotische Spannung am Leben. Voraussetzung für dauerhafte Partnerschaften ist nicht nur eine starke erotisch-sexuelle Spannung, sondern auch beständiger geistiger Austausch und das Teilen gemeinsamer Interessen.

Was jedoch anfangs als großes Geschenk erlebt wird, kann sich alsbald zum ernsthaften Problem entwickeln: Denn der Reiz, alles gemeinsam machen zu wollen, führt rasch zu einem Abbau der psychosexuellen Spannung. Der Zauber des anderen bleibt dauerhaft nur gewahrt, wenn es dem Paar gelingt, Bereiche zu schaffen, in denen jeder weiterhin ein eigenes Leben führt. Das muß keineswegs Berufstätigkeit sein; wesentlich für die Sehnsucht nacheinander ist die ausgewogene Balance zwischen gemeinsamen Aktivitäten und getrennten Bereichen.

Daß tatsächlich Erotik und Sexualität bis ins hohe Alter eine wesentliche Rolle spielen können, betont der Kasseler Psychoanalytiker und Altersforscher Hartmut Radebold: »Lang miteinander verbundene Paare bleiben offensichtlich bezüglich ihrer sexuellen Gewohnheiten unverändert – sofern sie weiter einander zärtlich zugeneigt sind und die Liebe erhalten blieb.« Dem stehen allerdings verbreitete Vorurteile und Tabus gegenüber. Allgemein erwartet werde nämlich, so Radebold, daß Eltern oder gar Großeltern keine Sexualität mehr haben dürften.

Erst in letzter Zeit wird die Liebe im Alter und in langdauernden Paarbeziehungen untersucht. Dabei mögen sich heutige Ergebnisse für die Zukunft als wenig aussagekräftig erweisen. Denn die heute Siebzigjährigen, so betont Radebold, wuchsen oft in viktorianisch anmutender Sexualerziehung auf. Die liberaleren Vorstellungen über Partnerschaft und Sexualität werden vermutlich auch zu einem anderen Verhalten der heute im mittleren Lebensalter Stehenden führen – sicher auch eine Herausforderung an Alteneinrichtungen, die bisher auf Sexualität ihrer Bewohner weder räumlich noch ideologisch vorbereitet sind.

Tatsächlich wird in der Bundesrepublik jede dritte Ehe geschieden; nimmt man die getrennt lebenden Paare hinzu, scheitern fast die Hälfte der Lebensgemeinschaften früher oder später. Nur kurz hält die Euphorie der Verliebtheit an. Sie kann aber genutzt werden, indem die Idealisierung des Liebespartners in eine verbindliche Beziehung gewandelt wird. Nach Abklingen der Verliebtheit stellen sich rasch Enttäuschungen über die Grenzen und Eigenarten des Partners ein, die akzeptiert werden wollen. Zugleich werden auch eigene Schwierigkeiten erneut deutlicher, die im Zustand der Verliebtheit kurzfristig wie weggeblasen sein mochten. Aus diesem Grund lassen sich besonders kränkbare Menschen, die gegenseitige Abhängigkeiten fürchten, erst gar nicht auf dauerhafte Beziehungen ein, sondern stürzen sich in die nächste Affäre, die kurzfristige Rauschgefühle gewährleistet. Der Kater der Ernüchterung soll durch immer neue Eroberungen abgewehrt werden.

»Zur reifen sexuellen Liebe«, sagt der New Yorker Psycho-analytiker Otto F. Kernberg, »gehört, daß man in den Berei-chen seiner Sexualität, seiner Gefühle und seiner Wertmaß-stäbe eine Verpflichtung und Bindung eingeht.« Die Gefahr für jedes Paar besteht darin, entweder erst gar keine dauer-hafte Intimität zu entwickeln oder sich in der Beziehung zum Partner zu verlieren. Der Verlust der Selbstgrenzen und damit der Identität führt zwangsläufig auch zum Verlust sexueller Intimität, die von der Anziehung lebt, daß der andere immer auch ein Geheimnis bleibt.

Doch dieses Geheimnis ist durch einen verbreiteten Me-chanismus bedroht, der in vielen homo- oder heterosexuellen Paarbeziehungen die Liebe vergiftet. Oft übernehmen die beiden Partner konträre Rollen: Während der eine auf andere Menschen zugeht, heiter und zugewandt ist, bleibt der andere verschlossen und zurückhaltend. Wo der eine Chaos in der Wohnung hinterläßt, räumt der andere auf. Was zunächst als hilfreiche Aufgabenverteilung erscheint, mag sich alsbald als verhängnisvoll erweisen, wenn sich beide Partner gegensei-tig auf ihre jeweiligen Rollen festschreiben. Diese sogenann-te Kollusion eines Paars kann dann rasch zu chronischen, oft haßerfüllten Auseinandersetzungen mit rituellen Vorwürfen führen.

Nicht selten entstehen solche Kollusionen aus unbewuß-ten Erwartungshaltungen über die vermuteten Verhaltens-weisen des Gegenübers, die Kindheitserfahrungen mit den Eltern oder Geschwistern widerspiegeln. Unbewußt werden Beziehungsmuster aktiviert, die oft in scharfem Gegensatz zu bewußten Hoffnungen und Wünschen stehen. Wer in sei-ner Kindheit häufig die Erfahrung machen mußte, emotional im Stich gelassen worden zu sein, wird sich zwar besonders eine in dieser Hinsicht stabile Partnerschaft wünschen. Tat-sächlich mögen die unbewußten Ängste, erneut traumatische

Erfahrungen gleicher Art zu machen, so mächtig sein, daß entweder erst gar keine Partnerschaft zugelassen wird oder im anderen immer wieder nach Hinweisen für Abgrenzungstendenzen gesucht wird. Geschieht das sehr rigide, kann das Ergebnis die Bestätigung der Befürchtung auf den Plan rufen: Genervt von Vorwürfen und Mißtrauen wendet sich der Partner schließlich ab.

Deshalb sollten sich, nach der Forderung von Max Frisch, Liebende kein Bildnis voneinander machen, damit sich die Partner nicht auf starre Rolle festlegen und damit dem anderen Entwicklungsmöglichkeiten rauben. Um der prinzipiellen Verunsicherung durch das Geheimnis des anderen zu entgehen, mag es oft leichter fallen, den Partner in ein Klischee zu pressen. Solche Festschreibungen erschweren aber die Überwindung vorher bestehender persönlicher Schwierigkeiten. Denn ein Paar, das sich der Zumutung stellt, sich vom anderen immer wieder überraschen zu lassen, kann sich gegenseitig auch Vorschläge machen, wie der andere auch sein könnte, welche unentdeckten Möglichkeiten der eine im anderen noch sieht. Die Freiheit, diese Vorschläge anzunehmen oder zurückzuweisen, entscheidet mit über die Lebendigkeit einer Liebe über die Jahre hinweg.

Daß der andere dabei immer auch ein Fremder und man selbst am Ende ein Stück allein bleibt, kann durch die sexuelle Vereinigung für einen Moment überwunden werden. Otto F. Kernberg ergänzt: »Schließlich müssen alle Beziehungen zwischen Menschen einmal zu Ende gehen, und die Drohung von Verlust, Verlassenwerden und letztendlich des Todes ist am größten, wo die Liebe am tiefsten ist; sich dessen bewußt zu sein, verleiht der Liebe noch größere Tiefe.«

Liebe auf Zeit

Paare mit großem Altersunterschied stellen die Illusion unbegrenzter Partnerschaft in Frage

Was früher als männliches Privileg galt, wird zunehmend auch von Frauen in Anspruch genommen: die Liebesbeziehung mit einem erheblich jüngeren Partner. Doch die öffentliche Aufmerksamkeit, die Prominenten in solchen Fällen sicher ist, kann für normale Paare schnell zum beschämenden Spießrutenlauf werden. Denn das Gerede über den Altersunterschied verdeckt nur notdürftig Phantasien über das sexuelle Verhältnis der beiden. Das voyeuristische Begaffen des Paars enthält fast immer moralistische oder sexistische Be- und Entwertungen, die bestenfalls durch augenzwinkernd-anerkennende Gesten gegenüber dem Älteren retouchiert werden. Paare mit großer Altersdifferenz haben in der Regel mit ganz anderen Problemen zu kämpfen. Unabhängig, welcher der beiden Partner jünger oder älter ist – viele Selbstverständlichkeiten eines in etwa gleichalten Paars entfallen. Letzteres kann auf Erfahrungen zurückgreifen, die beide gemacht haben, wenn auch unabhängig voneinander. Jugendkultur, Musikgruppen, politische Verhältnisse, Trends von damals müssen dem anderen nicht erst erläutert werden. Die getrennt verbrachte, aber zeitgleich erlebte Jugend bietet Erfahrungsschatz und Bezugsmöglichkeit für beide. Demgegenüber ist das Trennende bei Paaren mit großer Altersdifferenz viel größer – sowohl hinsichtlich ihrer Vergangenheit als auch der nur begrenzt zur Verfügung stehende Zukunft. Die Gemeinsamkeiten des Paars beschränken sich viel mehr auf die Gegenwart. Gemeinsames Altwerden – oft ohnehin nur eine stabilisierende Illusion – ist je nach Altersunterschied überhaupt nicht oder nur bedingt möglich. Die Partner bleiben mehr für sich – jedenfalls, wenn sie sich das Trennende eingestehen –, statt einfach, eventuell auch unter dem Druck ihres Umfelds, die Bedeutung ihres unterschiedlichen Alters zu leugnen.

Das Wissen um die von vorneherein begrenztere Perspektive kann jedoch umgekehrt die Beziehung bereichern, wenn bewußter mit gemeinsamer Zeit und Zeit schlechthin umgegangen wird. Doch das setzt voraus, daß sich die beiden mit ihrer eigenen Endlichkeit und den Konsequenzen für ihre Partnerschaft auseinandersetzen. Die Bereitschaft, über die Perspektiven und Grenzen gemeinsamer Zukunft nachzudenken, hängt natürlich nicht zuletzt vom Eintrittsalter in die Partnerschaft ab: Wer sich mit Fünfundfünfzig und Dreiundsechzig bindet, ist sich des Alters und nahenden Todes viel bewußter als ein Paar, das sich als Dreißiger und Vierziger kennenlernt und eine noch relativ große Distanz zum Alter hat.

Die tröstliche Idee vom gemeinsamen Altern ist jedoch relativ jungen Datums. Im Mittelalter durfte meist erst ein älterer Handwerksgeselle, der für eine Familie aufkommen konnte, eine möglichst junge Frau heiraten, die durch ihre Jugend zahlreichen Nachwuchs garantieren sollte. Von romantischen Vorstellungen gemeinsamen Altwerdens war nicht die Rede.

Heute stellen Liebesbeziehungen zwischen zwei Partnern unterschiedlichen Alters eine Zumutung für die bürgerliche Gesellschaft dar. Sie zerstören die Illusion unbegrenzter Liebe und nicht zeitgebundener Partnerschaft. Doch jede Liebe, auch die zwischen gleichalten Partnern, findet spätestens mit dem Tod eines Partners ihr Ende. Die grundsätzliche Herausforderung tiefer Liebe besteht im Bewußtwerden eigener und fremder Endlichkeit. Vielleicht rufen altersungleiche Partnerschaften auch deshalb häufig so heftige oder abwehrende Reaktionen hervor, weil nicht leugbar ist, was eigentlich immer gilt: Liebesbeziehungen sind Partnerschaften auf Zeit, die im besten Fall durch bewußte Entscheidungen und Absprachen begründet sind. Ginge es bei der Partnerwahl tatsächlich vorrangig um das gemeinsame Verbringen möglichst langer Lebensabschnitte, müßten sich Frauen wegen ihrer höheren Lebenserwartung grundsätzlich einen fünf bis zehn Jahre jüngeren Partner aussuchen.

Eventuelle gemeinsame Kinder des altersunterschiedlichen Paars verweisen noch mehr auf Endlichkeit und begrenzte Perspektiven, als es Kinder ohnehin schon tun: Sie sind noch, wenn die Eltern nicht mehr leben, sie repräsentieren eine Zukunft, die es für ihre Eltern nicht geben wird. Um so schmerzlicher, wenn dies besonders für einen der beiden Eltern gilt und dies beiden bewußt ist.

Solchen immer auch belastenden Zumutungen öffnen sich viele Paare – gleich welcher Altersstruktur – nicht unbedingt. Tatsächlich dienen Partnerschaften auch immer der eigenen Stabilisierung, im günstigen Fall mit dem Ziel eigenen Wachstums mit und am anderen. Häufig stellen sich Paare jedoch nicht der Chance, sich durch den korrigierenden Blick des anderen zu verändern. Die Partnerschaft dient dann eher der Vermeidung von Angst vor Veränderung oder der Konfrontation mit alten Schwierigkeiten.

Fürchtet zum Beispiel der Jüngere das eigenverantwortliche Leben eines Erwachsenen, weil es wenig Schutz und wohlwollende Förderung im Elternhaus gab, kann ein schützendes Elternteil im Älteren gesucht werden. Umgekehrt mag sich der Ältere vor einem erwachsenen Partner fürchten, dem er sich nicht gewachsen fühlt. In Paarbehandlungen stellt sich nicht selten heraus, daß auch der Ältere ähnliche Kindheitserfahrungen emotionaler Vernachlässigung machte, jedoch als Erwachsener anders damit umgeht. Wo der Jüngere seine unreife Seite auslebt und Schutz durch den Partner erwartet, vermeidet der Ältere das Offenbarwerden seiner Unsicherheit, indem er sich einen schwächeren Partner sucht und innere Reife »spielt«, die er gegenüber einem stärkeren Partner nicht hätte.

Dieses wechselseitige unbewußte Zusammenspiel von psychischen Konflikten in einer Partnerschaft nennen Psychoanalytiker Paarkollusion. Die Folge können Beziehungen sein, die denen zwischen Eltern und Kindern gleichen und durch die Idealisierung des älteren Partners wie der Infantilisierung des jüngeren gekennzeichnet sind. Dabei entsteht zwangsläufig eine emotionale und psychische Distanz zwischen den Partnern, die bedrohliche Nähe mit ihren Leidenschaften, Aggressionen und Infragestellungen abwehrt. Eine Beziehung mit Eltern-Kind-Charakter zieht die Reduzierung sexueller Entgrenzung nach sich, da sich in der Liebe keine zwei Erwachsenen begegnen. Was zunächst als Nachteil anmutet, mag jedoch ebenfalls für beide Beteiligte einen psychischen Gewinn bieten.

Häufig wird zu große Intimität im sexuellen wie emotionalen Bereich gerade dann gemieden, wenn entweder Traumatisierungen wie Mißbrauch oder Gewalt erfahren wurden oder die Selbstgrenzen der Partner bedroht sind. Denn heftige sexuelle Leidenschaft löst Selbstgrenzen im Moment der Ekstase kurzfristig auf. Daher kann Leidenschaft in einer dauerhaften Beziehungen nur ertragen werden, wenn beide Partner nach der sexuellen Entgrenzung ihre Selbstgrenzen wieder aufrichten können.

Wie in jeder Partnerschaft sollen die Liebste oder der Liebste sich nicht nur gegenseitig, sondern auch den anderen gefallen. Anders als bei etwa gleichaltrigen Partnern erschweren jedoch sexuelle Projektionen des Umfelds den gelassenen und unbefangenen Umgang mit der Liebesbeziehung. Gegen die Reduktion der Motive für die Partnerwahl auf sexuelle oder finanzielle Gründe muß sich das Paar über Gebühr abschirmen. Ein eventuelles Ungleichgewicht zwischen den beiden wird durch solche Unterstellungen erhöht, und es fällt schwerer, sich gegen den Druck der anderen als Paar immer wieder gegenseitig neu zu definieren. Dies betrifft vor allem den Beginn einer Partnerschaft, wenn die beiden darauf angewiesen sind, auf ein wohlwollendes und akzeptierendes Umfeld zu treffen, um sich im Kreis von Freunden und Bekannten zu vernetzen.

Innerhalb der Beziehung ist entscheidend, ob das Bedürfnis nach Repräsentation durch die erfahrene Frau oder den erfolgreichen Mann, die attraktive Schöne oder den jungenhaften Beau vorrangiges Motiv für die Partnerwahl ist oder lediglich als erfreuliche Nebenwirkung hinzukommt. Partnerwahl als narzißtische Aufwertung von Selbst und Image muß für Paare mit Altersdifferenz nicht unbedingt typisch sein. Denn ein attraktiver Partner gleich welchen Alters ist immer auch schmeichelnd.

Spezifisch für Paare mit Altersunterscheid ist jedoch die Möglichkeit, sich durch den viel jüngeren Partner, ob Mann oder Frau, ob in homo- oder heterosexueller Beziehung, illusionär selbst zu verjüngen. Der scheinbare Jungbrunnen der neuen Partnerschaft zu einem jüngeren Menschen kann als zweite Jugend erlebt werden, die zugleich der Abwehr von Lebenskrisen und der Auseinandersetzung mit Alter, Krankheit und Tod dient. Die plötzliche Wiederentdeckung jugendlicher Züge in der eigenen Person oder das Ausbrechen aus verkrusteten Verhältnissen ist jedoch noch lange nicht pathologisch. Problematisch ist erst der Mißbrauch des jüngeren Partners für zwanghafte Verjüngungskuren, die letztlich scheitern müssen.

Eine ähnliche Dynamik kann sich bei Paaren einstellen, die größere soziale Unterschiede vereinen. Auch hier kann der sozial besser gestellte, wohlhabendere oder gebildetere Partner zur eigenen narzißtischen Aufwertung mißbraucht werden – oder aber die Unterschiede bereichern das Paar. Wiederum hat das Paar mit den Phantasien des Umfelds zu kämpfen, das ähnlich sexistische oder mißbräuchliche Motive für die Partnerwahl unterstellen kann. Und auch hier mag der sozial besser Gestellte entweder eine sozial gleiche Partnerschaft aus Angst vor einem ebenbürtigen Partner vermeiden oder umgekehrt im anderen das Bereichernde andere finden.

Schließlich rühren besonders neu entstehende Partnerschaften mit einem älteren Menschen an grundsätzliche Tabus: Dürfen Personen, die der Eltern- oder gar Großelterngeneration angehören, vitale Sexualität leben, die sich in der neuen Liebe zu einem Jüngeren manifestiert? Denn noch immer ist eines der hartnäckigsten Tabus, daß Leidenschaft spätestens mit Erreichen der Schwelle zur Großelterngeneration aufzuhören habe. Gesteht man älteren Männern immerhin noch fortbestehende sexuelle Wünsche zu, so erscheinen dieselben Motive bei älteren Frauen geradezu obszön. Doch Paare, die gegen diese Tabus verstoßen, könnten sich am Ende als viel lebendiger herausstellen als jene, die sie allzu rasch verurteilen.

Der Reiz des Abenteuers

Dreiecksbeziehungen und Seitensprünge haben einen hohen emotionalen Preis

»Ich verliere meine Arbeitsfähigkeit«, sagt der fünfundvierzigjährige Steuerberater Achim K. (Name geändert). »Totale Glücksgefühle wechseln mit völliger Niedergeschlagenheit. Ich weiß, daß ich diese Beziehung beenden sollte, aber meine Ehe genügt mir nicht, und trennen will ich mich auch nicht.« Achim K. unterhält seit drei Jahren heimlich neben seiner Ehe eine Beziehung mit einer ebenfalls liierten Frau.

Heftige Gefühlsschwankungen sind typisch für Dreiecksbeziehungen. Der Verlockung, aus Tristesse und Alltag einer langjährigen Partnerschaft auszubrechen, stehen jedoch hohe emotionale Belastungen gegenüber. Eine Nebenbeziehung scheint zunächst den Vorteil zu bieten, den klaren Schnitt einer endgültigen Trennung nicht tun zu müssen. Entsprechend sinkt der Wert der Treue mit zunehmendem Lebensalter: Halten im Alter von Zwanzig noch mehr als 60 Prozent der Frauen und Männer Treue für wichtig, sind es bei den Dreißigjährigen nur noch knappe 40 Prozent. Und 32 Prozent der befragten Bundesbürger haben immerhin schon einmal ernsthaft in Erwägung gezogen, sich einen anderen Sexualpartner zu suchen.

Nahezu unausweichlich stürzen Dreiecksbeziehungen alle Beteiligten in heftige Konflikte. Das Gefühl der Zurückweisung gegenüber dem bevorzugten Partner aktiviert das kindliche Erleben, der oder die ausgeschlossene Dritte zu sein. Kinder erleben bei ihren Eltern oder den sie erziehenden Paaren Intimität und Geheimnisse, an denen sie nicht teilhaben können und von denen sie ausgeschlossen bleiben. Eine funktionierende Partnerschaft weist Kindern dabei jedoch einen sicheren Platz zu und vermittelt ihnen die Gewißheit,»wenn sie einmal groß sind«, gleichfalls (sexuelle) Intimität leben zu können. Diese zwangsläufige Kränkung des ausgeschlossenen Dritten, den Psychoanalytiker als ödipalen Konflikt bezeichnen, wird durch Dreiecksbeziehungen und Heimlichkeiten erneut aktualisiert. Das Gefühl des Verlassenseins und der gebrochenen Intimität stürzt den Betroffenen in Wut, Verzweiflung und kindliche Hilflosigkeit.

Naheliegenderweise werden Nebenbeziehungen gerade dann gesucht, wenn in der Partnerschaft Konflikte einstweilen nicht lösbar erscheinen oder wesentliche Bedürfnisse auf der Strecke bleiben. Die Verbindlichkeit einer dauerhaften Partnerschaft beruht jedoch auf der Übereinkunft, in solchen schwierigen Phasen den gemeinsamen Dialog aufrechtzuerhalten und an der Zuversicht festzuhalten, die anstehenden Probleme gemeinsam lösen zu können.

Die Existenz einer Nebenbeziehung hebelt daher die Vertrauensgrundlage der bisherigen Partnerschaft aus: Immer dann, wenn es schwierig wird, ist die Verlockung groß, die »Abkürzung« zu wählen und Harmonie in der anderen Beziehung zu suchen. Diese Wahlmöglichkeit verschafft demjenigen mit zwei Liebhabern ein Gefühl der Macht gegenüber seinen beiden Partnern – mit der wenigstens phantasierten Möglichkeit der Revanche: Staut sich Ärger über den alten Partner oder kann keine Einigkeit erzielt werden, rächt sich der Betreffende durch den Gang zum Dritten. Ist die Nebenbeziehung wiederum unbefriedigend, kann umgekehrt die alte Partnerschaft als Kompensation dienen. Auf der anderen Seite hat der Hintergangene das Gefühl, Konflikte nicht mehr thematisieren zu können, ohne befürchten zu müssen, damit erst recht die Intensivierung der Nebenbeziehung heraufzubeschwören.

Mithin kann keine Dreiecksbeziehung unterhalten werden, ohne daß es beständige Entwertungen mindestens des Betrogenen gibt. Zurückweisungen, Kränkungen und das Gefühl, ausgeschlossener Dritter zu sein, treffen gleichermaßen denjenigen in der Rolle des »Liebhabers«. Hoffen auf eine endgültige Trennung des Partners und eine Entscheidung für die neue Beziehung wechseln mit Enttäuschungen und der Überlegung, die Liebschaft aufzugeben. Relativ stabil bleiben solche Konstruktionen, wenn keiner der Beteiligten dauerhafte und verbindliche Intimität erträgt. Unterhalten gar mehrere Beteiligte parallele Liebschaften, wie bei Achim K., setzt zwangsläufig eine Rotation der Kränkungen ein: Wendet sich ein Partner ab, und fühlt sich der andere entwertet, so kann letzterer dies wiederum mit einer Wiederbelebung seiner eigenen Nebenbeziehung beantworten – eine endlose Kette von Kränkungen, Zurücksetzungen und Beschämungen, aus der es solange kein Entrinnen gibt, wie die Parallelbeziehungen aufrechterhalten werden.

Demgegenüber besteht eine der Chancen einer exklusiven Partnerschaft in Verbindlichkeit und dem Vertrauen, das die weitgehende Selbstöffnung beider Partner erlaubt. Ist dieses Fundament der Beziehung jedoch durch andere Beziehungen erschüttert, kann keiner der Partner mehr die Sicherheit genießen, daß seine Selbstöffnungen wirklich intim, nämlich ausschließlich von zweien geteilt bleiben. Unter diesen Voraussetzungen ist die Bedingung von psychosexueller Intimität zerstört: die Gewißheit, daß es Bereiche gibt, von denen man als Kind ausgeschlossen blieb und die nun den beiden allein gehören. Das Ende des intimen – nicht unbedingt nur sexuellen – Dialogs stellt zugleich auch die Partnerschaft endgültig in Frage. Zu diesem Dialog gehört auch die wechselseitige Bereitschaft, Konflikte und Probleme – eventuell auch nur eines Beteiligten – miteinander auszuhalten und gemeinsam an Lösungen zu arbeiten.

Ein einmaliger Seitensprung muß nicht zwangsläufig zur Infragestellung oder Zerstörung der intimen Partnerschaft führen. Solange keine dauerhafte zweite Beziehung entsteht oder ständige Affären wie eine weitere Partnerschaft funktionieren, wird die Vertrauensbasis des Paars zwar eine Erschütterung erfahren, die jedoch reversibel bleibt. Erst wenn intime, nur dem Paar gehörende Bereiche preisgegeben werden, steht die Vertrauensgrundlage grundsätzlich in Frage. Dennoch bedeutet auch ein Seitensprung für jede intakte Beziehung, die einen intensiven Dialog der Partner voraussetzt, eine schwere Belastung.

Zahlreiche Paare haben die stillschweigende Übereinkunft, es nicht so genau wissen zu wollen, ob der andere hier und da untreu wird. Damit gewähren sich die Partner zwar einen gewissen Freiraum, verhindern jedoch die intensive Auseinandersetzung über das, was sie bewegt, zumindest in manchen Bereichen. Das Paar läuft dann Gefahr, aus Konfliktscheu nach und nach immer weitere Bereiche des Dialogs seiner Beziehung preiszugeben. Sexuelle Attraktion über lange Zeiträume lebt jedoch gerade von den immer neuen Konflikten und Differenzen des Paars: Wo man sich als unterschiedlich erlebt, wachsen Neugier und sexuelle Spannung.

Das oft große Aufsehen einer eventuell kurzfristigen Affäre steht in merkwürdigem Gegensatz zu einer etablierten und in ihrem gewaltigen Ausmaß weitgehend tabuisierten Form: der alltäglichste, traurig-banale Seitensprung ist der

Gang zur Prostituierten. Täglich nehmen in Deutschland rund 1,2 Millionen sogenannte Freier ihre Dienste in Anspruch. Die häufigste Variante der Nebenbeziehung findet im Puff statt, augenzwinkernd und verbunden mit sexistischen Herabsetzungen der rund 400.000 beteiligten Prostituierten. Mit bigotter Selbstverständlichkeit endet der Lärm um Treue und Einzigartigkeit der Liebesbeziehung für einen beträchtlichen Prozentsatz der Partnerschaften beim regelmäßigen Bordellbesuch der männlichen Partner.

Gelingt es dem Paar, über lange Zeiträume sexuelles Begehren aufrechtzuerhalten, bleibt dieses Verlangen nicht nur auf den Partner beschränkt. Sexuelle Vitalität kennt keine Ausschließlichkeit. Damit gerät jede verbindliche Partnerschaft in ein grundsätzliches Dilemma: Gegenseitiges Begehren setzt sexuelles Interesse beider Partner voraus, das sich jedoch wenigstens in der Phantasie immer auch auf potentielle Andere richtet. Der bewußte Verzicht, dieser Neigung nachzugehen, unterscheidet sich vom bloßen Befolgen moralischer Gebote. Denn das Begehren eines anderen wird zwar anerkannt und akzeptiert, jedoch nicht ausgelebt, um die bestehende Partnerschaft zu schützen.

Diese Verzichtsleistung geht immer mit Trauer über das Versäumte und Verpaßte einher, eventuell auch mit einer Portion Ärger auf den Partner, der eben jene begehrten Eigenschaften des attraktiven anderen nicht oder mit zunehmendem Alter nicht mehr besitzt. Der bewußte, nicht moralingesteuerte Verzicht kann, wenn das Verlangen immer wieder neu in den verbalen und sexuellen Dialog des Paars eingebracht wird, die Beziehung dauerhaft lebendig halten. Demgegenüber führt das Erlahmen sexuellen Interesses rasch zum Stillstand der Beziehung. Verbindliche sexuelle Intimität setzt daher bewußte Opfer voraus, die am Ende dauerhaftes gegenseitiges Verlangen am Leben halten.

Doch das Unbehagen, von dem Sigmund Freud angesichts kultureller Errungenschaften und Verzichtsleistungen sprach, bleibt.

Der unbedingte Wunsch nach Nachwuchs

Bei künstlicher Befruchtung bleiben die Motive des Kinderwunsches oft unbeachtet

Die 38jährige Versicherungskauffrau Sonja F. ist auf der Suche nach einem Mann, mit dem sie Kinder haben kann. Ihre letzte Beziehung scheiterte an ihrem Kinderwunsch – ihr Partner war unfruchtbar und wollte sich nicht komplizierten medizinischen Samenentnahmen unterziehen. Doch bei der medizinischen Beratung des Paars spielten die Motive des drängenden Kinderwunsches kaum eine Rolle.

Ein Paar Mitte Dreißig hat sich für eine hormonunterstützende Behandlung der Frau entschieden, die wegen einer Endometriose ohne weiteres kinderlos bleiben könnte. Am zuvor festgesetzten Tage »müssen« die beiden Geschlechtsverkehr haben, um eine Befruchtung möglichst wahrscheinlich zu machen. Bereits einige Tage vor dem errechneten Termin mehren sich die Spannungen zwischen den beiden. Kommt es tatsächlich zur Liebe, so erleben dies beide eher als rein technische Pflichtübung. Doch die ersehnte Schwangerschaft bleibt weiter aus. Als sich beim Mann der schon lang bestehende Verdacht auf eine Multiple Sklerose erhärtet, überlegt das Paar, eine In-vitro-Fertilisation vorzunehmen, ihr Wunschkind also im Reagenzglas zeugen zu lassen.

War in früheren Zeiten Nachwuchs bei Nichtadeligen für die eigene Altersversorgung notwendige Voraussetzung, für den Adel hingegen Bedingung zum Erhalt oder zur Mehrung von Macht und Einfluß, spielen heute andere Motive beim Kinderwunsch eine Rolle. Die materiellen Ziele unserer Vorfahren sind durch psychische Vorstellungen ersetzt: Kinder erscheinen als Teil eines erfüllten Lebens, möglichst in gelungener Kombination mit der Realisierung von Berufswünschen. Nachkommen sind nicht länger eine Größe wirtschaftlichen oder machtpolitischen Kalküls, sondern gegenteilig häufig sogar Grund für erhebliche materielle Verzichtsleistungen der Eltern. Je vorrangiger also die psychischen Gründe, Kinder zu haben, desto bizarrer mutet die weitgehende Nichtbeachtung eben dieser psychischen Hintergründe bei der Wahl künstlicher Befruchtungsverfahren an. Moderne Selbstverwirklichung durch Kinder ist einem Tabu unterworfen, das jede Infragestellung dieser gegenwärtigen Glücksvorstellungen verbietet.

Doch wenn schon in früheren Zeiten Nachkommen zuförderst den Zielen der Eltern unterworfen waren, wäre es eine erstaunliche Emanzipationsleistung heutiger Generationen, wären mit einem Mal solche Motive von der Bildfläche verschwunden. Daß es nur um die lieben Kleinen gehen soll, wie es die Propagierung des angeblich so natürlichen Kinderwunsches, wenn nicht bei Paaren, so wenigstens bei Frauen suggeriert, unterstellt immerhin, daß alle jene, die keine Kinder haben wollen oder können, unnatürlich ihr Dasein fristen.

Der Rückgriff auf natürliche Werte entlastet von der selbstbestimmten Wahl der Lebensform und kennzeichnet zudem alle totalitären Ideologien – allen voran den Nationalsozialismus. Ebenso wenig, wie man aus der Biologie Wertvorstellungen für soziales Zusammenleben ableiten kann, ist das Bedürfnis, Kinder zu haben, von sozialen und wirtschaftlichen Bedingungen, besonders aber auch von individuellen psychischen Befindlichkeiten zu trennen. Eine Medizin, die sich auf die Fahnen schreibt, jedes aufkommende Bedürfnis kritiklos bedienen zu wollen, unterwirft sich bedingungslos allen Zeitströmungen und muß sich den Vorwurf gefallen lassen, aus ihrer Instrumentalisierung in totalitären Zeiten nichts gelernt zu haben – außer eventuell die eigenen materiell-finanziellen Bedürfnisse besser zu berücksichtigen. Bevor man sich also mit Verve der Debatte über die Moralität der Präimplantationsdiagnostik (PID) hingibt, wäre die Frage nach dem Sinn von Befruchtungsverfahren zu stellen, die diese diagnostischen Vorgehen überhaupt erst nach sich ziehen. Hat man nämlich erst einmal die Wahl zwischen einer Anzahl von Embryonen, wäre es einigermaßen verrückt, einem behinderten Embryo den Vorzug zu geben. Auch hier steht nicht das Kindeswohl im Vordergrund: Denn der Embryo hat nicht die Wahl, als behindertes oder nichtbehindertes Kind auf die Welt zu kommen, wohl aber können sich seine potentiellen Eltern zwischen einem vermutlich behinderten oder nichtbehinderten Kind entscheiden. Einmal existent, hat jeder Mensch das unbedingte Recht auf Leben und will es auch nutzen. Nicht aber seine Eltern, die sich selbstverständlich ein nichtbehindertes Kind wünschen. Somit steht nicht das Kindeswohl bei der PID im Vordergrund, sondern das eventuelle Leid der Eltern im Zusammenhang mit einer Behinderung ihres Nachwuchses.

Doch all dies entbindet keineswegs von der vorrangigen Frage nach der Besessenheit des Kinderwunsches. Da der Kinderwunsch oftmals als Essential der Selbstverwirklichung daherkommt, ist er – ebenso wie bei unseren Vorfahren – ein sozial implantiertes Phänomen. Bekanntlich haben Menschen aber die Freiheit, sich von sozialen Normen zu distanzieren oder sie wenigstens zu relativieren. Kein Grund also, den Wunsch nach Nachwuchs als unabänderliches

Glückskriterium zu behandeln. Vielmehr stellt sich die Frage, warum bei manchen Paaren der Kinderwunsch die Dominanz einer überwertigen Idee annimmt, die suggeriert, ohne seine Erfüllung sei das eigene Leben gescheitert oder die Partnerschaft in Gefahr.

Eine medizinisch-psychologisch sinnvolle Behandlung unerfüllter Schwangerschaft würde daher statt mit flotten Fertilisationsversuchen vielmehr bei der Hinterfragung des Kinderwunsches ansetzen: Wie wäre es eigentlich um das Paar bestellt, wenn der Wunsch nach Nachwuchs frustriert bliebe? Bedeutete dies die Infragestellung der Paarbeziehung, so kann kein Zweifel bestehen, daß die eventuellen Kinder instrumentalisiert werden, um die Paarbeziehung zu kitten oder individuelles Leid zu kompensieren, was vermutlich scheitern wird. Die Kinder werden also – genau wie in früheren Zeiten – nicht um ihrer selbst willen willkommen geheißen, sondern mit einer klaren Funktion, die ihnen von Anfang an zugedacht ist. Der Unterschied zur historischen Instrumentalisierung des Nachwuchses ist eher perfider Natur: Heute wird via Idealisierung von Familie und Nachwuchs die wahre Funktion des Kinderwunsches verschleiert, der dazumal fraglos und offen keinerlei Verschleierung bedurfte.

Mithin hat lediglich eine Verschiebung der Funktionalisierung von Kindern stattgefunden, weg von der materiellen hin zu einer narzißtischen Instrumentalisierung. Nicht ungewöhnlich ist zum Beispiel das Hoffen auf Nachwuchs als »Plombe« für die Leere zwischen dem Paar oder bei einem der beiden Partner. Doch die Frage nach dem Sinn des eigenen Lebens bleibt unbeantwortet, wenn andere, nämlich Kinder zu ihrer Beantwortung rekrutiert werden. Die Frage nach dem Sinn eigenen Daseins läßt sich nicht mittels Gästen beantworten, die ohnehin nur eine begrenzte Zeit bleiben, jedenfalls wenn die Autonomieentwicklung der Kinder und damit die Abgrenzung von den Eltern gelingt.

Werden Kinder als Sinn- oder Identitätsprothese ge- und mißbraucht, so müssen Eltern oder Alleinerziehende ihre allmähliche Ablösung als unerträglich empfinden, weil damit die alten Sinnfragen erneut aufgeworfen sind. Eine gesunde kindliche Entwicklung – jedenfalls im Rahmen der gegenwärtig geforderten Autonomie für einen Heranwachsenden – kann demnach unter diesen Umständen nicht oder nur unter großen Schwierigkeiten gelingen. Alles Fragen, die eine Fertilisationsmedizin, die sich angeblich so sehr in den Dienst von Glück und Erfüllung stellt, aufzuwerfen hätte, bevor zu Pinzetten und Kanülen und mindestens ebenso rasch zu Abrechnungsscheinen und Rechnungen gegriffen wird.

Der oft süßlichen Idealisierung von Kindern, wie sie heute häufig betrieben wird, und ihrem berechtigten Schutz, neuerdings in Gesetzen und Resolutionen gegen Kinderarbeit propagiert, schließlich den lautstarken Aufrufen, unseren Kleinsten »wieder« alte Werte neu zu vermitteln, steht die bedingungslose Instrumentalisierung von Kindern zum Zweck des vermeintlichen Glücks nachwuchsloser Paare gegenüber. Wer sich die Rechte der Kinder auf die Fahnen schreibt, könnte zumindest einen Moment bei der Frage nach dem Sinn und Nutzen künstlicher Befruchtungsverfahren innehalten.

Denn mit romantisierenden Vorstellungen von der Liebe eines Paars, die natürlicherweise nach Verewigung durch Nachkommen verlangt, haben die zeitgemäßen Vorstellungen von Nachwuchs nichts zu tun. Wem das zu nüchtern erscheint, möge seine Träume von der ewigen Liebe, die sich in Kindern verkörpert, mit Internet-Erläuterungen zur Fertilisation durch ICSI mit Spermien aus dem Nebenhoden

(TESE) oder dem Hoden (MESA) vergleichen: »In bestimmten Fällen befinden sich im Ejakulat keine Spermien. Trotzdem besteht die Möglichkeit, daß im Hoden Samenzellen produziert werden. MESA bedeutet mikrochirurgische epididymale Spermienaspiration, eine operative Gewinnung von Samenflüssigkeit direkt aus dem Nebenhoden. Die Methode ist in Kombination mit ICSI erfolgreich bei Fehlen oder Verschluß der Samenleiter. Unter TESE versteht man die testikuläre Spermienextraktion. Bei diesem Verfahren wird ein kleines Stück Hodengewebe entnommen. Nach Aufbereitung dieses Gewebes stehen meist Samenzellen für ICSI zur Verfügung. TESE wird bei hochgradiger Störung der Hodenfunktion angewandt.«

Spätestens diese »Aufbereitung von Hodengewebe« jedenfalls verdeutlicht, daß es um knallharte Zeugungsleistungen geht und babyblaue und -rosa B-Movie-Träume erfüllten Familienlebens im Zweifel buchstäblich auch unter Einsatz allerletzter Körperreserven zu erfolgen hat.

Konsequenterweise hat sich bisher auch noch niemand ernsthaft gefragt, wie sich eigentlich die neuen Fertilisationstechniken auf die Betroffenen selbst auswirken (nota bene, das sind die Kinder). Wie mag es wohl einem Heranwachsenden ergehen, der sich hinsichtlich seiner Identität und Zeugungsherkunft Klarheit verschaffen will und vor die bangen Fragen gestellt ist, ob sein Vater wirklich sein genetischer Erzeuger, seine Mutter auch seine Gebärmutter-Mutter oder lediglich seine Gen-Vorfahrin ist, ob er unter einer Anzahl von potentiellen Geschwistern das zweifelhafte Glück hatte, ausgewählt zu werden, und was mit seinen Embryo-Geschwistern geschehen ist. Dienten sie eventuell hernach per verbrauchender Forschung seiner eigenen Gesundheit? Warum lebt er und seine Reagenzglas-Brüder und -Schwestern nicht? Wäre er behindert gewesen oder hätte jemand immerhin den Verdacht auf eine Chromosomenabnormie geäußert, hätten seine Eltern ihn dann auch haben wollen oder dem verbrauchenden Embryonal-Wissenschaftsmüll anheimgegeben?

Glaubt eigentlich jemand im Ernst, daß es folgenlos für die kommenden Fertilisationskinder bleibt, mit solchen Fragen der Überlebensschuld, der Identitätsdiffusion und der Fragwürdigkeit ihrer unbedingten Erwünschtheit aufzuwachsen?

Seit wenigen Jahren widmet sich die Entwicklungspsychologie auch den biologischen Folgen sozialpsychologischer Rahmenbedingungen: Andauernde Psychotraumatisierungen führen zu biologischen Veränderungen von Hirnstrukturen, beispielsweise des Mandelkerns, der für die Steuerung von (aggressiven) Affekten maßgeblich ist. Traumatisierungen der Mutter während der Schwangerschaft, besonders wenn diese Belastungen anhaltend sind, können die intrauterine Entwicklung des Kindes nachhaltig schädigen. Das menschliche Gehirn, so könnte man in Analogie zur Computertechnologie vereinfachend sagen, ist keineswegs streng in Hardware und Software getrennt. Im Gegenteil, die hereinkommende Software beeinflußt und modifiziert die sich entwickelnde Hardware. Welche biologischen und psycho-biologischen Konsequenzen moderne Fertilisationstechniken nach sich ziehen, ist bisher völlig unbekannt. Unwissen ist an sich jedoch noch nicht unverantwortlich. Unverantwortlich wird erst die Ignoranz der bisher unbekannten Folgen flotten medizintechnischen Handelns.

Immer wenn Medizin einen einzigen und damit aus dem Kontext sozialen Lebens losgelösten Wunsch absolut gesetzt hat, lief sie Gefahr, sich zum Instrument einzelner über die vielen zu machen. Durchaus lukrativ und mit Machtgewinn verbunden, aber letztlich mit verheerenden Folgen. Ist es deshalb vermessen, darauf aufmerksam zu machen, daß es nicht nur um das fragwürdige Glück kinderloser Paare geht, sondern um jenes ihrer Nachkommen, die auf die Welt zu bringen oder zu zwingen sich moderne Medizin anschickt? Zu Ende gedacht, betrifft Fertilisationstechnik weniger die ohne sie in den Hades kinderlosen Unglücks stürzenden Paare, sondern vielmehr die Nachkommen selbst. Die aber können nicht gefragt werden. Immerhin jedoch könnten Überlegungen nach Würde und gegenseitigem Respekt von Eltern und Kindern Entscheidungskriterien verantwortungsvoller Eltern und selbstkritischer Medizin werden. Auf daß ärztliche Heilkunst nicht allzu vordergründig ihrem Motto »ut aliquit fiat« verfällt. Die Übersetzung aus dem Lateinischen kann ebenso »Damit irgendetwas geschieht« wie auch »Damit etwas geschieht« lauten. Letzteres läßt immerhin genügend Raum für die Reflexion eigenen Tuns und der zugrundeliegenden Motive.

Aus zwei werden drei

Die neue Elternrolle verändert die Partnerschaft

Auch wenn sich Paare heutzutage kaum noch gegenseitig mit »Mutti« oder »Vati« anreden – die Geburt des ersten Kindes stellt eine Herausforderung für jede Liebesbeziehung dar. Denn was den »Muttis« und »Vatis« erkennbar nicht gelang, muß von jedem Elternpaar geleistet werden, wenn die Exklusivität der Liebesbeziehung weiterexistieren soll: der oft rasche Wechsel aus der Rolle des Elternteils in die des Liebespartners und zurück.

Bereits die Schwangerschaft bedeutet für ein Liebespaar tiefgreifende Veränderungen ihrer bisherigen Gewohnheiten und Lebensweisen. Die körperliche Wandlung der Frau kann für beide erhebliche Irritationen mit sich bringen, wenn der gleichzeitige Erhalt der erotischen Spannung nicht sicher ist. Dürfen Schwangere Lust auf Sex haben, oder darf man umgekehrt auf eine Schwangere scharf sein? Spätestens mit dem Anwachsen des Bauches und der Veränderung von Brust, Becken und primären Geschlechtsteilen können sich nicht nur Entfremdungsgefühle einstellen, sondern unversehens unverarbeitete konventionelle Tabus wirksam werden, die beide Partner eigentlich gar nicht bei sich vermuteten.

Neben den körperlichen Veränderungen, die eine Schwangerschaft mit sich bringt, aber beide buchstäblich berühren, ist vor allem die zunächst nur phantasierte und später auch für beide körperlich wahrnehmbare Anwesenheit eines Dritten, der immer dabei ist, eine unvergleichlich neue Situation. Unwiderruflich verändern bereits die Phantasien über das gemeinsame Kind die Zweierbeziehung zu einer Dreiecksbeziehung. Und bereits während der Schwangerschaft geht es darum, wie das Paar mit der Tatsache umgeht, daß Dreiecksbeziehungen tendenziell jeweils einen – in der Schwangerschaft besonders den Mann – ausschließen.

Besonders symbiotische Paare scheitern häufig an dieser Herausforderung. Denn ein Paar mit dem Ideal, alles gemeinsam zu machen, erlebt Trennendes als Infragestellung der Beziehung. Das Sichabwenden vom Partner während des Stillens, Versorgens oder der Wachphasen des Säuglings erfordert von beiden Partnern die Gewißheit, daß ihre erotische, leidenschaftliche und intellektuelle Beziehung nach der Versorgung des Kindes wiederaufgenommen wird. In diesem Fall ist die Dreisamkeit eher Bereicherung und Erweiterung der dem Paar zur Verfügung stehenden Themen und Ebenen als umgekehrt ihre Infragestellung. Andernfalls konkurrieren Kinder und Liebespartner miteinander um den »besten Platz« in der Aufmerksamkeit.

Geht es zunächst eher um die Frage, inwieweit die verlorene Exklusivität die Qualität der Liebesbeziehung beeinträchtigt, stellen sich mit zunehmendem Alter von Kindern Rivalitäten auch auf anderen Ebenen ein. Denn die Notwendigkeit, den Partner mit Kindern teilen zu müssen, hat eher narzißtische Qualität: Bin ich verlassen oder im Stich gelassen, wenn mein Partner sich von mir ab- und einem Kind zuwendet? Hängt das Selbstwertgefühl maßgeblich von der ungeteilten Aufmerksamkeit des Partners ab, werden sich besonders in den ersten Jahren erhebliche Konflikte einstellen.

Anders verhält es sich, wenn Kinder mit vier bis sechs Jahren mit ihrem Charme den gegengeschlechtlichen Elternteil um den Finger wickeln können und damit die wichtige Gewißheit erlangen, nicht nur durch Macht und Trotz, sondern durch gewinnenden Charme etwas bewirken zu können. Eifersucht mit den als Rivalen erlebten Kindern betrifft nun im weitesten Sinn auch eine psychosexuelle Ebene: Verbünden sich Vater und Tochter oder Mutter und Sohn gegen den ausgeschlossenen gleichgeschlechtlichen Elternteil, oder erlebt dieser das so? Von Anfang an ist entscheidend, ob jeder in der Familie einen ihm sicheren Platz hat, der weder – je nach Bedarf und Konflikten – erweitert wird noch schrumpft.

Dazu zählt maßgeblich, daß bei heutigen wirtschaftlichen Verhältnissen die Kinder in eigenen Zimmern schlafen und die Intimität der Eltern sichergestellt ist. Haben die Eltern jedoch Angst vor der intimen Beziehung, wird ihnen das nächtliche Erscheinen ihrer Sprößlinge ganz recht sein, da bedrohliche Nähe des Paars unterbrochen wird, ohne daß dies thematisiert werden muß. Kinder können in diesem Fall zu Verbündeten eines Elternteils gegen den anderen werden. Kinder werden dann dazu mißbraucht, die defizitären Selbstgrenzen ihrer Eltern zu regulieren. Wo die Fähigkeit gering ist, miteinander das Verhältnis von Nähe und Distanz auszuhandeln oder überhaupt sowohl Intimität als auch Distanz zu ertragen, werden äußere Regulatoren benötigt, um fehlende innere Grenzen zu ersetzen.

Zur Intimität des Paars zählen jedoch nicht nur lebendige Sexualität, sondern auch gemeinsame Interessen, Beziehungen zu Freunden und Freizeitaktivitäten, die nicht ausschließlich mit den Kindern unternommen werden. Die Abgrenzung der Subsysteme einer Familie, also der Eltern von den Kindern, der männlichen von den weiblichen Familienmitgliedern, erleichtert nicht nur den Erhalt der Paarbeziehung, sondern auch die allmähliche Ablösung der Kinder.

Kinder sind Gäste auf Zeit, die zunächst kaum merkliche, dann aber immer größere Loslösungsschritte unternehmen. Mit zunehmender Differenzierung der Eltern-Kind-Beziehung verändern sich die Konflikte, und das Elternpaar steht vor einer neuen Herausforderung: Weniger die intensive Anwesenheit von Kindern, als ihre zunehmende Abwesenheit wollen in die Liebesbeziehung integriert werden. Ist die Liebe eingeschlafen und definiert sich das Paar eher als Arbeitsgemeinschaft zur Kinderaufzucht, stellt sich die Frage nach den künftigen Inhalten der Beziehung. Aus diesem Grund fällt es vielen Eltern schwer, ihre Kinder gehen zu lassen. Spätestens zu diesem Zeitpunkt ist das Paar noch einmal mit der Frage konfrontiert, welche Motive eigentlich beim Kinderwunsch eine Rolle spielten: Ging es um die Erweiterung der Liebes- und Lebensbeziehung und das Fortleben der Eltern durch gemeinsame Kinder, wenn sie selbst nicht mehr sind? Sollten Glück und Gemeinsamkeit an die eigenen Nachkommen weitergegeben werden und dabei die tiefe Erfahrung von Leben und Sterben geteilt werden? Die eigene Endlichkeit durch die Erfahrung der Weitergabe von Leben und Hoffnung tröstlicher erscheinen? Oder die Kinder dem eigenen Leben Sinn und Inhalt verleihen und damit als Instrumente gegen Verzweiflung dienen? Haben Kinder die Aufgabe, unerfüllte Wünsche und Träume der Eltern oder eines Elternteils »im Auftrag« zu erfüllen?

Dazu gehört auch die Begegnung mit der eigenen, immer auch in Teilen unbefriedigend verlaufenden Kindheit und Jugend. Kinder konfrontieren nicht nur mit der begrenzten Zukunft der Eltern, sondern auch mit ihrer Vergangenheit. Wer seine Kinder tröstet, wenn sie traurig, verzweifelt oder wütend sind, begegnet seinen eigenen kindlichen Erfahrungen von Not ein weiteres Mal. Sich gegenüber den Kindern anders zu verhalten als die eigenen Eltern, bedeutet immer auch Traurigkeit über das, was man selbst gern bekommen hätte, aber nicht erhielt.

Eltern, die sich dieser Traurigkeit verschließen, werden im Zweifel ähnlich reagieren, wie ihre eigenen Eltern, um sich den Schmerz des Diskrepanzerlebnisses zu ersparen. Umgekehrt können Kinder über die Verlust- und Mangelerfahrungen der Eltern hinweghelfen, wenn bei der Neuauflage der alten Konflikte wenigstens der Ausgang weniger unbefriedigend verläuft und Gemeinsamkeit und geteiltes Leid die eigenen Wunden schließt.

Heranwachsende Töchter und Söhne fordern ihre Eltern auch auf psychosexueller Ebene heraus. Wachsender Intellekt gepaart mit sexueller Reifung stellen die elterliche Autorität in Frage und verunsichern das Selbstwertgefühl von Vater und Mutter: Können sich die Eltern an der wachsenden Kompetenz ihrer Kinder freuen und es ertragen, in manchen Bereichen überholt zu werden (was angesichts der aus unerfindlichen Gründen beinahe jährlich wechselnden Formulierung von Mathematikaufgaben in Schulbüchern bereits ab der fünften Klasse leicht geschehen kann)? Oder muß die wachsende Reife der Kinder bekämpft werden, damit eigene Grenzen nicht schmerzlich spürbar werden?

Ablösung und Ausziehen der Kinder stellen demnach gleichermaßen Krise und Chance dar. Wenn es dem Paar gelingt, die entstehende freie Zeit mit eigenen Aktivitäten zu füllen, die getrennt oder gemeinsam aufgenommen werden, ist die Ablösung der Kinder nicht nur Verlust, sondern auch neue Freiheit und Möglichkeit zur Lebensgestaltung.

Viel schwerer haben es alleinerziehende Eltern ohne Partner, da die Lücke durch das Weggehen der Kinder viel schmerzlicher spürbar wird. Anderseits ist aber auch die Entlastung größer als bei Zwei-Eltern-Familien. Wenn Alleinerziehende sich lediglich über ihre Kinder definiert haben, sind depressive Verarbeitungen der Ablösung kaum vermeidlich, und das Elternteil wird mit mehr oder minder deutlichen Drohungen, zum Beispiel durch Erkrankungen, zu verhindern versuchen, in Einsamkeit zu verfallen.

Eltern sind dazu da, daß Kinder sie verlassen können. Wenn Eltern sich dadurch nicht verlassen fühlen und demzufolge nicht gekränkt reagieren, bleibt die Mischung aus Freude und Schmerz, Glück und Wehmut, eine bewegende Zeit mit aufregenden Gästen verbracht zu haben.

Eventuell erleichtert die Erfahrung mit Kindern, eine persönliche Lösung des Rätsels der Sphinx zu finden – Kern der ödipalen Thematik, die die Generationenabfolge thematisiert: »Was«, fragte die Sphinx, den jungen Ödipus vor den Toren von Theben, »geht am Morgen auf vier, am Mittag auf zwei und am Abend auf drei Beinen?« Der clevere Ödipus wußte rasche Antwort: »Der Mensch.« Ein weiser Ödipus hätte »ich selbst« geantwortet.

Schritte ins Leben

Das Einfühlen in die Persönlichkeit eines anderen ist die Grundlage für Liebe und Freundschaft

Die drei Monate alte Petra weint. Glücklicherweise »weiß«
ihre Mutter, was ihr fehlt. Petra will mit ihrer Mutter über
Hautkontakt kommunizieren, angelacht werden und dabei
das Gesicht der Mutter betrachten. Petra kann zurücklachen
und spontan lächeln. Wie alle gesunden Babys versucht sie,
den Gesichtsausdruck ihrer Mutter zu imitieren: Die beiden
fühlen sich gegenseitig ineinander ein. Durch die Bereitschaft der Mutter, sich einzufühlen, übt Petra ihre angeborene Beziehungsfähigkeit und lernt den Kontakt mit anderen.

Die Welt mit den Augen des anderen sehen zu können
ermöglicht Verständnis, Freundschaft und Liebe. Diese sogenannte Empathie ist Voraussetzung, einen anderen Menschen einfühlend verstehen zu können – mithin Grundlage
von Freundschaft und Liebe. Wenn eine Frau ihrer Freundin
von ihrer unerwiderten Liebe berichtet, setzt sie selbstverständlich voraus, daß ihre Freundin ohne große Worte versteht, daß sie sich unglücklich, vielleicht gekränkt und nie-
dergeschlagen fühlt. Umgekehrt wird die Freundin nicht erst
lange fragen, ob der Liebeskummer etwa Unglück verur-
sacht oder das Gefühl, nicht attraktiv zu sein. Gegenseitige
Empathie funktioniert weitgehend unbewußt; erst wenn es

Verständnisschwierigkeiten gibt, tauchen Fragen oder Infragestellungen der eigenen und fremden Sichtweise auf.

Dieses unbewußte und nichtsprachliche Verstehen wird auch die kleine Petra mit etwa acht Monaten spüren, wenn »ein empathischer Prozeß als Brücke zwischen den beiden inneren Befindlichkeiten aufgebaut worden ist«, wie der Säuglingsforscher und Psychoanalytiker Daniel Stern sagt. »In diesem Stadium«, so Stern, »kann man dem Säugling zum ersten Mal die Fähigkeit zur psychischen Intimität zuschreiben – der Bereitschaft, sich zu öffnen und eine wechselseitige Durchdringbarkeit oder Ergründbarkeit zweier Menschen zu erleben.«

Doch ebenso groß wie das Bedürfnis, sich wechselseitig anzuvertrauen und dabei das Erleben des anderen zu erkennen und gleichzeitig selbst erkannt zu werden, ist auch das Verlangen, mit sich selbst allein zu sein. Säuglinge können Intimität sehr heftig verweigern, indem sie den Kopf abwenden und dem Blickkontakt ausweichen.

Ernsthafte Störungen der Empathieentwicklung entstehen, wenn Eltern entweder die Befindlichkeiten des Säuglings nicht richtig erkennen oder umgekehrt, wenn sie die entstehenden Selbstgrenzen nicht respektieren: Will der Säugling mit sich allein bleiben, erleben dies manche Eltern als Zurückweisung ihrer Person und versuchen weiterhin inständig, den Blickkontakt wiederherzustellen, zum Beispiel indem sie den Kopf des Kindes drehen.

In einer Liebesbeziehung funktioniert wechselseitige Empathie nur, wenn der rasche Wechsel zwischen Einfühlung in den Partner mit zeitweiliger Aufgabe der Selbstgrenzen und anschließender Rückkehr zu eigenem Empfinden und Erleben gelingt. Was Petra mit ihrer Mutter übt – nämlich intime Kontaktaufnahme mit der Rückkehr zu sich selbst –, ist Voraussetzung von Freundschaft und Liebe. Die

Fähigkeit zur liebevollen Einfühlung in andere entsteht durch die Erfahrung, selbst verstanden und mit den eigenen Freuden und Nöten gespiegelt zu werden. Dies befähigt Erwachsene, recht gut zu ahnen, was ein anderer Mensch fühlt oder möchte. Bei einem Verkehrsunfall versetzen sich die hinzukommenden Helfer wie selbstverständlich in die Opfer und müssen nicht erst fragen, warum jemand weint oder ein schmerzverzerrtes Gesicht zeigt.

Anderen empathisch begegnen zu können hat stabile Selbstgrenzen zur Voraussetzung. Wer sicher sein kann, daß sich dabei eigene Identität nicht auflöst, kann sich gefahrlos auf andere einstellen. Doch bei Katastrophen wie im österreichischen Kaprun oder dem ICE-Unfall von Eschede sind die Helfer gerade wegen ihrer Empathiefähigkeit rasch überfordert und drohen traumatisiert zu werden: Eben weil sie sich in die Schrecken und Qualen der Opfer einfühlen, werden die Selbstgrenzen brüchig. Die Identifizierung mit den Toten und Verletzten läßt sich nicht mehr eingrenzen, und das Trauma der Opfer wird zum Trauma der Bergungsmannschaften. Aus diesem Grund sind sogenannte posttraumatische Belastungsstörungen nicht nur bei Opfern einer Katastrophe, sondern auch bei ihren Helfern verbreitet und oft behandlungsbedürftig.

Doch nicht alle Menschen verfügen über empathische Fähigkeiten. Personen mit tiefgehenden Empathiestörungen sind für solche Schädigungen kaum anfällig, können sich aber auch kaum vorstellen, was ein anderer oder ihr Partner fühlt. Erst in den letzten Jahren richtet sich die Aufmerksamkeit auf Empathiestörungen, die besonders bei Kindern und Jugendlichen zu Schwierigkeiten mit ihrem Umfeld führen.

Der neunjährige Merlin ist Patient in einer Klinik für Kinder- und Jugendpsychiatrie. In der Schule wurde er untragbar, weil er ständig andere Kinder belästigte, stieß oder anrempelte. Merlin hat große Mühe, sich in die Gefühlswelt anderer hineinzuversetzen, und versteht die mimischen und gestischen Ausdrücke seiner Mitschüler nicht. Die Signale, die ihm bedeuten sollen, daß er andere kränkt oder verletzt, registriert Merlin nicht. Er lebt in einer Welt ohne wirklichen Kontakt und emotionale Resonanz.

Bei den meisten Gewaltstraftätern vermutet man heute Empathiestörungen. Schädigungen anderer Personen werden daher nicht als schmerzlich empfunden und mit Schuldgefühlen erlebt. Weil eine Identifikation mit dem Schmerz der Opfer unterbleibt, können Übergriffe begangen werden, ohne mit den Leidtragenden mitzufühlen. Echte Beziehungsaufnahme oder Bindung ist ohne Empathiefähigkeit nicht möglich. Menschen mit diesem Mangel leben in einer isolierten Welt, in der andere Personen mit differenziertem Erleben, das anders ist als das eigene, nicht vorkommen. Wirkliche Freundschaft hingegen, die über instrumentelle Nutzung anderer Personen hinausgeht, lebt von der Einfühlung in fremde Innenwelten.

Viele Eltern können ihren Kindern schon deshalb nicht vermitteln, wie man sich in andere hineinversetzt, weil sie selbst eine Empathiestörung haben. Damit sich diese nicht wie die Erbsünde fortsetzt, hat Professor Manfred Cierpka, Psychoanalytiker in Heidelberg, ein ursprünglich in den USA entwickeltes Programm für deutsche Grundschulen adaptiert. »Faustlos« ist ein Curriculum, das mit großen Fotos arbeitet, auf denen Erwachsene oder Kinder in verschiedenen Situationen und Konflikten abgebildet sind. Die Kleinen sollen in einem ersten Schritt lernen, wie sich wohl die Abgebildeten gerade fühlen. Freut sich die Frau auf der Abbildung, ist sie erstaunt oder traurig? In einem zweiten Schritt versuchen Lehrer und Kinder zu überlegen, wie man sich wehren kann, ohne zuzuschlagen – faustlos eben. Mit großem Erfolg, wie die Lehrer betonen, denn sie sind es, die das über ein Jahr laufende einstündige Programm vermitteln – ein großer Vorteil, weil die Bindung zu Lehrerin oder Lehrer genutzt wird und kein fremder Experte erst mühsam den Kontakt aufbauen muß. Psychologen stehen im Hintergrund für Supervision zur Verfügung. Die Prügeleien auf dem Schulhof jedenfalls nehmen in erstaunlichem Maß ab, und damit auch die Belastungen der Lehrer.

Doch die Fähigkeit, mitzufühlen und eventuell auch mitzuleiden, steht immer nur begrenzt zur Verfügung. Wo eigene Traumatisierungen oder Ängste überhandnehmen, wendet man sich rascher von Mitmenschen ab. Empathie ist somit eine Herausforderung an die eigene Leidensfähigkeit und Toleranz schmerzlichen Gefühlen gegenüber. Freundschaften geraten um so tiefer, je mehr sich die Freunde oder Freundinnen relativ angstfrei auf die Erlebnisse des anderen einlassen können und sie spiegelnd – wie Petras Mutter – annehmen. Die anschließende erneute Distanzierung und Besinnung auf das Selbst ermöglicht die vorsichtige Infragestellung des Erlebens und Fühlens des Freundes.

Empathie bereichert die Erlebnisfähigkeit des Selbst: Die Einnahme der Perspektive eines anderen erweitert die eigene Erlebnisfähigkeit. Es überrascht daher nicht, daß sich empathiegestörte Menschen schwertun, von eingefahrenen Verhaltensweisen abzulassen. Gerade die Fähigkeit, Perspektiven und Erlebnisweisen anderer, naher Personen probeweise zu übernehmen, differenziert die eigene Sicht. Durch Empathie lernt man, daß es zahlreiche Alternativen zum eigenen Verhalten geben kann, die anschließend erprobt werden können. Der Wechsel in die Welt des Gegenübers ist daher wie eine Reise an einen anderen, manchmal fremden Ort, von dem man bereichert und verändert zurückkehrt.

Konflikt, Trennung und der Respekt vor der Würde

Streiten hält Liebesbeziehungen und Freundschaften lebendig

»Die Ehe ist der Versuch, zu zweit mit den Problemen fertig zu werden, die man allein nie gehabt hätte«, spottete der US-amerikanische Komiker Woody Allen. Was zumindest insofern zutrifft, als daß sich die Partner mit den eigenen und fremden Fehlern, Macken und Schwächen konfrontieren – immerhin mit der Möglichkeit, daran zu wachsen. Doch das geht in der Regel nicht ohne Streit ab. Während die Kunst des Streitens die Beziehung belebt, führt ihr Mangel zu Zerstrittenheit und Erlahmen der Liebe.

»Da müssen wir uns wohl drüber streiten«, sagt die Analytikerin zu ihrem Patienten. »Um Gottes willen«, antwortet dieser typischerweise und verwechselt belebenden Streit mit grundsätzlicher Infragestellung der Beziehung. Wer als Kind wenig Erfahrungen mit leidenschaftlichen, aber konstruktiven Auseinandersetzungen der Eltern untereinander gemacht hat, wird später jede Art aggressiver Auseinandersetzung leicht mit Zerstörung verwechseln. Eltern, die sich entweder gar nicht streiten – und damit vermitteln, daß Streit etwas ganz Ungewöhnliches und Bedrohliches sein muß – oder deren Streit sehr zerstörerische Noten hatte, enthalten ihren Kindern ein wesentliches Rüstzeug für gelingende Beziehungen vor. Denn ob Freundschaft oder Liebe – die Qualität der Beziehung steht und fällt nicht etwa mit Harmonie und Einigkeit, sondern mit ihrer Streitkultur. Pointiert gesagt, könnte sich ein Paar zu Beginn ihrer Liebe fragen, wie sie sich trennen wollen. Wenn über Streit und eventuelle Trennung Einigkeit erzielt werden kann, können es die beiden miteinander versuchen.

Paare, die sich nicht streiten können, werden unweigerlich innere Konten über die Missetaten des anderen anlegen – mit der Folge von Ressentiments und latenter Feindseligkeit. Nach heftigen, gelingenden Streitereien hingegen landen viele Liebende nicht selten im Bett und haben den berühmten guten Sex. Die Befreiung von Ressentiments und Vorbehalten läßt sexuelle Leidenschaft ohne emotionale Vorbehalte wieder aufleben. Bei dieser Gelegenheit machen Paare die spannende Erfahrung, daß leidenschaftliche Auseinandersetzungen und sexuelle Leidenschaft Zwillinge sind.

Was für guten Sex Voraussetzung ist, gilt allemal für die Streitkultur des Paars: Die ungehemmte Selbstäußerung muß mit der Achtung vor dem anderen und der Beachtung seiner Bedürfnisse korrespondieren. Auch schwere und tiefgreifende Meinungsverschiedenheiten bedeuten daher keineswegs das Aus für die Liebesbeziehung. Von entscheidender Bedeutung ist hingegen die Wahrung gegenseitigen Respekts und der eigenen Würde – Voraussetzung gegenseitiger Achtung und erotischer Spannung.

Der Zauber des immer auch unbekannt bleibenden Gegenübers benötigt den unbedingten Respekt vor fremden und eigenen Selbstgrenzen. Die inhaltlich harte Auseinandersetzung findet ihre Grenze vor der Würde des anderen, der sein Gesicht nicht verlieren darf. Denn der Verlust der Würde eines Partners bedeutet nicht nur eine schwere Kränkung für ihn selbst, sondern auch einen schwerwiegenden Verlust von Zauber und Aura für den anderen.

Gekonntes Streiten ist daher viel mehr als bloß ungehemmte Äußerung von Frust und Aggression. Es geht um
den gezielten und daher auch begrenzten Einsatz von Aggression im Dienst der Erweiterung der Beziehung. Jede Infragestellung der Würde des anderen betrifft unweigerlich
beide Liebenden. In einem Streit können nur beide profitie-
ren oder beide verlieren. Zu dieser Art respektvollen Um-
gangs gehört es gerade, den anderen auch hart anzugehen –
eben weil man ihn ernst nimmt. Schonung wie Vernichtung
des anderen sind die zwei häßlichen Seiten einer Münze, die
in Wirklichkeit auch gar keine Medaille ist: Interesse am anderen und der Beziehung äußert sich in Konflikten und der
Suche nach Auseinandersetzung. Die Hoffnung auf Antwort
unterscheidet Streitkultur vom Wunsch, den anderen zu vernichten.

Das spielerische Element einer Liebesbeziehung kann
auch in heftigen Auseinandersetzungen gewahrt bleiben,
wenn das Paar noch so viel Distanz besitzt, zwischendurch
über sich lachen zu können und auf die Entgegnungen des
Partners gespannt zu bleiben. Diese Hoffnung, überrascht zu
werden, erhält die Möglichkeit des Andersseins und verweigert sich zugleich der Versuchung, ein festes Bildnis vom
anderen zu entwerfen, wovor Max Frisch so eindringlich
warnte.

Zur Streitkultur gehört auch die Bereitschaft, fortbestehende Differenzen ertragen zu können. Wolfgang und
Sandra schildern in einer Paarberatung, daß sie sich heftig
streiten – immer wieder über ähnliche Themen. Dabei wird
deutlich, daß es den beiden nicht gelingt, das Anderssein des
anderen zu ertragen. Sie erzählen von dem Film »Der Club
der toten Dichter«, den Wolfgang liebt, Sandra aber kitschig
findet. Der Streit über den Film verliert jedes Maß, und beide
versuchen einander von ihrer Meinung zu überzeugen. Nach

und nach berichten sie, daß sie sich in der Anfangszeit niemals gestritten hätten und eigentlich immer einer Meinung gewesen seien. Jetzt überlegen sie, sich zu trennen. Was die beiden als räumliche Trennung vorhaben und in das Ende der Beziehung ausmünden könnte, gelingt ihnen als inneres Getrenntsein nicht: das Gefühl, das der andere anders ist, doch deshalb die Beziehung nicht in Frage steht. Unerträglich erscheint beiden Partnern, nicht immer harmonisch sein zu können und mit manchen Dingen allein, also innerlich getrennt leben zu müssen.

Anders verhält es sich bei unüberbrückbaren Konflikten, die den Kern der Beziehung betreffen. Wenn alle Auseinandersetzungen die gemeinsamen Projekte des Paars nicht fördern und die Basis der Liebesbeziehung verlorengegangen ist, bleibt den beiden im günstigen Fall eine Vergangenheit, die es zu wahren und zu respektieren gilt. Beide Beteiligten können zwar nicht unbeschadet, aber immerhin persönlich integer aus einer gescheiterten Paarbeziehung hervorgehen, wenn ihnen der Respekt vor dem anderen bleibt. Dieser Respekt vor dem anderen und der verflossenen Liebe wird zur Voraussetzung für einen späteren Neubeginn: Die Liebe zum anderen bleibt Teil der persönlichen Vergangenheit, die die Gestaltung einer veränderten Zukunft erst ermöglicht. Der Versuch, den anderen im Zuge der Trennung zu vernichten, wirkt wie ein Suizidversuch gegenüber der eigenen Geschichte.

Mehr als die ersten Begegnungen stellt die Trennung das Paar vor die schwerste Belastungsprobe. Denn mehr als bei den alltäglichen Konflikten steht nicht nur die Beziehung auf dem Spiel, sondern vor allem ein Teil der Vergangenheit jedes Partners. Nur wenn etwas bleibt von der ursprünglichen Liebe und Idealisierung des anderen, werden beide die gemeinsame Zeit nicht einfach als verlorene Jahre empfinden. Es geht also nicht nur um die Liebesbeziehung, die eventuell endgültig verloren ist, sondern um das für das Selbsterleben so wichtige Gefühl der Kontinuität – der Integration der Vergangenheit in Gegenwart und Zukunft.

Viele Paare trennen sich jedoch erst, wenn auch das letzte Stück Gemeinsamkeit und Liebe zerstört ist. Das hat den psychischen Vorteil, den dann anscheinend nur bösen anderen ohne Trauer und Schmerz verlassen zu können. Zorn und Haß erleichtern die scheinbar schmerzlose Trennung, weil es nicht lohnt, um jenen ignoranten, nur schlechten Partner eine Träne zu vergießen. Der Mangel an Ambivalenz bei solchen Trennungsprozessen führt unweigerlich zur Vernichtung des Bildes vom einst geliebten anderen und zur Tabuisierung der gemeinsamen Zeit.

Dieses Fehlen von Ambivalenz und die Tabuisierung des anderen hat besonders für gemeinsame Kinder verheerende Folgen: Der Abschied der Kinder von der gemeinsamen Zeit mit beiden Erwachsenen wirkt besonders traumatisierend, wenn nicht darüber gesprochen werden darf und der jeweils andere zum Phantom wird. Beide – Kinder wie neuer Partner – müssen dann befürchten, daß sich die Vergangenheit wiederholt und ein weiteres Mal ein Mensch der psychischen Vernichtung anheimfällt, wenn die Personen der Vergangenheit nicht lebendig bleiben dürfen.

Vergangene Liebhaber bleiben so lange Wiedergänger, wie sie nicht in der persönlichen Vergangenheit einen Platz gefunden haben und damit wirklich begraben sind. So paradox es klingt: Ein Neubeginn mit einem neuen Partner wird am ehesten gelingen, wenn die vorhergehenden Lieben beerdigt, und damit einen Platz haben, zu dem man zurückkehren kann wie zu einem Grabstein. Die Trauer um das Vergangene und Verlorene macht die Zukunft möglich. Oder wie ein Wort aus dem Talmud sagt: Die Erinnerung wird Euch frei machen.

Die Liebe in den Zeiten
der Patchwork-Restfamilie

Oder: Faule Lehrer, ignorante Eltern und Appelle konzeptionsloser Politiker

Faule Pfeffersäcke sind sie – die Lehrer – ist allenthalben zu hören, nicht zuletzt vom damaligen Ministerpräsidenten Niedersachsens, Gerhard Schröder. Umgekehrt ist es, finden da aber die Angegriffenen: Die Eltern seien es, die ihren ureigenen Aufgaben nicht mehr nachkämen, ihre Kinder zu erziehen. Beide schuld, legen namhafte Bundespolitiker nach. Denn weder Lehrer noch Eltern vermittelten noch abendländische Werte und Tugenden, so wie früher – wo's eh besser war.

Wann immer eine gesellschaftliche Debatte mit klaren Schuldzuweisungen zu ausgewiesenen und personifizierten Feindbildern arbeitet, kann man sicher sein, daß am eigentlichen Thema vorbeigeredet wird. Nicht böse Schlimm-Menschen, die versagen oder – ärger noch – auf der faulen Haut der Freizeitgesellschaft herumlungern, sondern gesellschaftliche Umbrüche sind für die allseits beklagten Mängel hippeliger Kinder, fehlender Struktur zu Hause und schulischer Auffälligkeiten verantwortlich. Nicht schlampige Mütter oder abwesende Väter noch lenzende Lehrer, die morgens recht und nachmittags frei haben, produzieren Kinder mit Aufmerksamkeitsdefiziten oder Hyperaktivität, mit Aggressionsproblemen oder Lernschwierigkeiten. Weder werden über Nacht Lehrer von einem Faulheitssyndrom befallen noch Eltern von plötzlicher Verantwortungslosigkeit gegenüber ihren Kindern übermannt.

Wer Flexibilität bei Jobsuche und Berufsausübung, bei Überstunden und beruflicher Weiterbildung fordert, muß sich nicht wundern, wenn Papa und Mama mehr in Stau oder Streß stecken, als in heimeliger Kindererziehung. Und wer Arbeitnehmern – und damit Familienvätern und -müttern – ständig predigt, Hunderte Kilometer zum Arbeitsplatz seien zeitgemäß, muß sich über abwesende Erziehungspersonen nicht wundern. Falls sich nämlich die doppelt Gescholtenen, die angeblich weder fleißig genug sind, sich der flexibilisierten Arbeitswelt anzupassen, noch genügend wertegebunden, um ihre Kinder anständig zu erziehen, einer der geforderten Tugenden zuwenden, werden sie zwangsläufig die jeweils andere vernachlässigen.

Eine sich verändernde Gesellschaft, die von ihren Mitgliedern die Preisgabe herkömmlicher Rollen in Partnerschaft und Erziehung verlangt, kann nicht gleichzeitig mit Krokodilstränen die Folgen bejammern und den nolens volens folgsamen Eltern Versagen bei traditionellen Aufgaben unter die Nasen halten. Wenn dies dennoch mit Penetranz geschieht, soll von den wirklichen Ursachen der Misere abgelenkt werden. Und die liegen in der geforderten Allverfügbarkeit des Arbeitsmenschen, mithin nicht zuletzt der Eltern. Der Verlust von Nähe, Intimität und Erziehung ist staatlich verordnet – im Auftrag einer turbokapitalistischen Wirtschaft, die sich – kurzfristig wie Kapitalismus nun einmal ist – nicht um Investitionen in ihren Nachwuchs kümmert, dessen Bildungs- und Disziplindefizite sie sich jedoch gleichwohl zu beklagen nicht zu schade ist. Liebe und traditionelle Familienstrukturen versinken derweil irgendwo im Bermudadreieck von Flexibilisierung, Allverfügbarkeit des willfährigen

Arbeitsmenschen und alleingelassenen Kindern alleinerziehender Eltern.

Ironischerweise werden zugleich auch noch jene von Schelte nicht ausgenommen, die erst gar nicht mehr als Eltern antreten und vorgeblich ihrer Pflicht, die Altersversorgung der Gesellschaft sicherzustellen, nicht nachkommen. Schlimmer noch als jene, die ehedem ihre Kinder vernachlässigen, seien nämlich all die, die lediglich Nutznießer der Doppelverdienergesellschaft sein möchten, lassen sich die Rentenexperten bundesdeutscher Politik vernehmen.

Schuldzuschreibungen mit erhobenem Zeigefinger und tiefergelegtem Intellekt bestimmen die Debatte über die konzeptionelle Gestaltung einer Gesellschaft mit immer weniger dauerhaften Familienstrukturen. Es fehlen Entwürfe für die Zukunft, die der Notwendigkeit von Kindererziehung bei gleichzeitiger Erwerbstätigkeit gerecht werden. Die nämlich – so die Shell Jugend-Studie 2000 – wünschen sich die Jugendlichen für ihr künftiges Leben: berufliche Selbstverwirklichung bei gleichzeitiger Familiengründung.

Doch die gesellschaftliche Realität des dritten Jahrtausends ist anders: Ein Drittel aller Ehen wird geschieden, Patchwork-Familien und alleinerziehende Elternteile werden von der Ausnahme zur Regel. Bereits heute wächst jedes fünfte Kind ohne Vater oder Mutter auf. Die Auflösung traditioneller Familienstrukturen und die ständig wachsende Scheidungsrate ist sicher auch ein Ergebnis wichtiger Emanzipationsbewegungen des letzten Jahrhunderts. Doch die Vereinzelung von alleinerziehenden Eltern und deren Kindern wird zugleich von den aerodynamischen Predigern der Neuen Mitte begünstigt: Ohne förderliche Angebote für die neuen sich bildenden Familien- und Paarlebensstile sollen Kinder ohne die traditionelle Familie und ohne neue Unterstützung, dabei aber nach den alten Mustern erzogen werden.

Vielleicht war's früher ja doch besser. Als zum Beispiel das Müttergenesungswerk noch nicht um sein Überleben kämpfen mußte. Damals waren überlastete Mütter nicht auch noch Vorwürfen ausgesetzt, ihren Erziehungstätigkeiten nicht ausreichend nachzukommen. Sie wurden unterstützt und abgeholt, dort wo sie waren – an der Belastungsgrenze. Doch die gilt heute nicht mehr. Weder für sie selbst noch für ihre Kids, von denen verlangt wird, ohne traditionelle Familienverhältnisse besser zu funktionieren als ehedem. Denn was damals weder Ärzte noch Psychologen diagnostizieren konnten, weil die Krankheiten Hyperaktivität, Aufmerksamkeitsdefizit oder antisoziales Verhalten noch gar nicht erfunden waren, wird heute flugs zur arroganten Vorwurfskeule gegenüber angeblich vernachlässigenden teilerziehenden Eltern. Wer sich beispielsweise über die erschreckend wachsende Zahl adipöser Kinder empört, sollte bedenken, daß immer mehr Kinder buchstäblich vor dem Fernseher an- und abgefüttert werden, derweil ihre Eltern – so denn überhaupt noch beide verfügbar sind – diversen Erwerbstätigkeiten nachgehen.

Antiquiert sind mithin moralistische Vorwürfe gegenüber teilerziehenden Patchwork-Familienmüttern und -vätern, ihre Kinder zu vernachlässigen, wenn nicht gleichzeitig ausreichende Hilfen für eben diese neuen Familienformen durch konsequente Familien- und Sozialpolitik zur Verfügung gestellt werden. Das gilt zum Beispiel für Kindergartenplätze und kostenlose Betreuung der Grundschulkinder bei ausfallenden Unterrichtsstunden, damit ihre Eltern jenen Jobs nachgehen können, die sie oftmals mehr schlecht als recht vor Verarmung schützen. Und damit ihre Kinder vor Verelendung oder – siehe oben – vor Orientierungslosigkeit.

Das antiquierte Müttergenesungswerk, ebenso wie Mutter-Kind-Kuren stehen immer mal wieder auf der Dispositionsliste, gelegentlich auch der einer alleinerziehenden Bundesgesundheitsministerin. Solche und andere Maßnahmen könnten auch ganz vorn auf der Prioritätenliste für feministische und kinderfreundliche Gesundheitspolitik stehen. Dann ginge es nicht um Feindbilder à la faule Lehrer oder ignorante Eltern. Doch das würde bedeuten, die Folgen von Flexibilisierung und Armut für Mütter, Väter und Kinder anzuerkennen. Und die lassen sich auch nicht mit erhöhten Kindergeldern aus der globalisierten Welt schaffen. Sondern nur mit Gesundheits- und Sozialpolitik, die sich den Konsequenzen der gepriesenen Arbeitsmarkt- und Flexibilisierungspolitik stellt und wenigstens ihre ärgsten Auswüchse lindert. Kostenneutral gestalten sich hingegen wohlfeile Sonntagsreden über faule Lehrer und ignorante Eltern.

Doch eventuell hat der zögerliche Umgang mit den Erfordernissen des flexibilisierten Arbeits- und Familienmenschen ja noch eine weitere, tiefere Ursache. Ein Unbehagen, das sich lästigerweise immer noch nicht ganz beseitigen läßt: daß der Zugriff auf die individuellen und intimen Bedürfnisse des Menschen und der Anspruch auf Allverfügbarkeit des Individuums in seinem Wesen ein totalitärer Gedanke ist.

Der Riß durchs Herz

Bei Verläßlichkeit und Transparenz sind Trennungskinder nicht zwangsläufig belasteter

»Papa, da wird sowieso nix draus«, befand der sechsjährige Valentin kurz und bündig, nachdem er den neuen Schwarm seines Vaters kennengelernt hatte. Recht behielt er, doch hätte es der mit seinen Kindern von der Ehefrau getrennt lebende Vater überhaupt zu der Begegnung mit seiner Geliebten kommen lassen dürfen? Verwirrt die Trennung der Eltern nicht genug, und lassen weitere Enttäuschungen nicht in Kindern das Gefühl entstehen, Partnerschaften seien ehedem nie von Dauer?

In der Bundesrepublik wird – wie bereits erwähnt – jede dritte Ehe geschieden, Tendenz steigend. Zahlreiche Paare entscheiden sich zwar gegen Scheidung, leben aber dauerhaft getrennt. Die emotionalen Folgen von Trennung und neuer Partnerschaftssuche treffen Kinder besonders schmerzlich, da sie die Entwicklungen nicht als Akteure erleben, sondern weitgehend als engagierte, aber abhängige Zuschauer.

Doch die verbreitete Auffassung, Trennungskinder nähmen automatisch schweren, gar irreversiblen Schaden, ist abwegig. Denn anhaltende heftige Spannungen zwischen den Eltern können Kindern größere psychische Belastungen zufügen als ein klarer Schnitt.

Auch der Glaube, Kinder getrennt lebender Eltern seien

grundsätzlich psychisch auffälliger, ist falsch. Professor Udo Rauchfleisch, Psychoanalytiker in Basel, betont, daß die Trennung der Eltern zwar viel Kraft und manches Leid für die Kinder mit sich bringe. Doch Rauchfleisch verweist auf Langzeitstudien, »nach denen sich beispielsweise Kinder aus Ein-Eltern-Familien in keiner Weise schlechter entwickeln als Kinder aus Zwei-Eltern-Familien. In mancher Hinsicht«, so Rauchfleisch weiter, »zum Beispiel im Hinblick auf Selbständigkeit, Verantwortungsbewußtsein, Einsatzbereitschaft und eine kritische Haltung gegenüber negativen Klischeebildern von Frauen, finden wir bei ihnen sogar eine günstigere Entwicklung als bei vielen Kindern aus Zwei-Eltern-Familien.«

Neben den oft erheblichen finanziellen Belastungen einer Trennung, die natürlich auch die Kinder treffen, ist für die Verarbeitung der neuen Situation entscheidend, ob die Eltern ihren Kindern den Trennungsprozeß möglichst transparent machen. Eltern sollten vermitteln, daß sich ihre Kinder nicht für ein Elternteil und gegen das andere entscheiden müssen. Als verheerend erweist sich nämlich, wenn Kinder zum Spielball elterlicher Konflikte werden und in schwere Loyalitätskonflikte stürzen.

Transparenz des Trennungsprozesses bedeutet jedoch keineswegs, daß Kinder lückenlos über die Gründe der Trennung und die verschiedenen Konflikte ins Bild gesetzt werden, da dies eher erneut die Gefahr birgt, sich scheinbar für eine Seite entscheiden zu müssen. »Das Wichtigste ist«, so Rauchfleisch, »daß die Kinder spüren, daß mit der elterlichen Trennung nicht alles ins Wanken gerät, sondern, ungeachtet der Konflikte, Zuwendung von seiten beider Elternteile und nach wie vor emotionale und natürlich auch finanzielle Sicherheit garantiert sind.«

Je mehr demnach Kinder den Eindruck haben, die Tren-

nung der Eltern sei zwar kein Geheimnis, aber letztlich Sache der Eltern, desto weniger wird Schuldgefühlen der Nährboden bereitet. Häufig nämlich rätseln Kinder über die Ursachen der Trennung und machen sich selbst verantwortlich,
besonders wenn sie von den Eltern als Spielball benutzt werden. In solchen Fällen gewinnen Kinder den Eindruck, nicht
genug für das Zusammenbleiben des Paars getan zu haben.

Verschärft wird dieses Schuldgefühl noch, wenn einer
oder beide Partner psychisch labil sind und die Kinder zu
Vertrauten ihrer eigenen Schwierigkeiten machen. Diese sogenannte Parentifizierung, also das Gefühl, die eigenen Eltern stützen und bemuttern zu müssen, bringt Kinder in nahezu unauflösbare Schwierigkeiten: Einerseits finden sie den
benötigten Halt bei ihren Eltern nicht mehr, andererseits fühlen sie sich für die unbewältigten Krisen der Eltern verantwortlich. Die Trennung der Eltern wird dann wie eigenes
Versagen verarbeitet.

Die Kinder- und Jugendlichen-Psychoanalytikerin Sylvia
Schües aus Hannover betont, daß Kindern häufig der Raum
zur Trauer über das Verlorene fehle, besonders wenn Eltern
selbst Trauer abwehren, weil sie noch zu groß sei.»Ich erlebe
immer wieder, daß ›heldenhafte Trennungskinder‹ mit aggressiver oder depressiver Symptomatik dem unbewußten
Auftrag der Eltern ausgesetzt sind, Stabilität an den Tag zu
legen, damit es den Eltern leichter fällt, die eigene Trauer in
Schach zu halten«, so Schües.»Wenn solche Kinder endlich
in der Hängematte liegen und weinen dürfen über das, was
sie verloren haben, geht's meistens schnell bergauf.«

Bleiben beide Eltern auch nach der Trennung emotional
verfügbar und kommt es zu tragfähigen Besuchs- und Aufenthaltsregelungen, kann aus der Krise auch eine Chance erwachsen: Kinder lernen, daß selbst unlösbar erscheinende
Konflikte zu einer akzeptablen Auflösung kommen und die

Welt im Prinzip verläßlich und zuverlässig bleibt: Auch schwere Enttäuschungen kann man meistern und emotionales Leid überwinden.

Doch auch nach der vollzogenen Trennung erwarten die Kinder neue Enttäuschungen und emotionale Stürme. Eine andere Person an der Seite von Mutter oder Vater zu sehen und damit auch die gewohnten Bilder der Vergangenheit durch neue ergänzen zu müssen ist ohnehin verwirrend. Das gilt erst recht, wenn sich – wie beim kleinen Valentin und seinem Vater – herausstellen sollte, daß die Suche nach einem neuen Partner oder einer neuen Partnerin nicht immer glücklich verläuft. Aus diesem Grund lassen viele getrennt lebende Elternteile ihre Kinder weitgehend im Unklaren, ob und mit wem sie sich treffen. Natürlich bleibt Kindern nicht verborgen, wenn sich die in ihrem Leben wichtigsten Personen – die Eltern – emotional engagieren. Anrufe von Fremden, gelegentliches Ausgehen und die Aufs und Abs von Vater oder Mutter werden um so mysteriöser und ängstigender, je weniger Kinder in Kenntnis von eventuellen neuen Bekanntschaften gesetzt werden. Schließlich bedeutet eine neue Liebe für Kinder auch neue Bindungen, Hoffnungen und Befürchtungen. Sprechen Eltern mit ihren Kindern gar nicht über ihre neuen Verliebtheiten, wachsen sich die Phantasien der Kinder rasch zu Phantomen aus, die Anlaß zu Zweifeln, Irritationen und Ängsten geben.

Andererseits gilt hier genauso wie für die Trennung: Exhibitionistische Selbstöffnungen der Eltern über ihr Gefühlsleben sind genauso fehl am Platz wie Geheimniskrämerei. Die schwierige Gratwanderung zwischen Überforderung der Kinder durch immer neue Liebschaften oder der plötzlichen Präsentation eines neuen Partners richtet sich nach den Fragen und Bedürfnissen der Kinder. Auf diese Weise lernen sie, daß nicht alle Bekanntschaften von Dauer sind, Enttäuschungen aber gemeistert werden können und sich die Suche nach vertrauensvollen Menschen trotz Rückschlägen lohnt.

Nicht selten jedoch reagieren Kinder auf einen neuen Partner ablehnend oder aggressiv. Denn dieser dringt in die inzwischen gewohnte Exklusivität des Ein-Eltern-Haushalts ein, und Vater oder Mutter müssen mit einem neuen Partner geteilt werden. Besonders bei gegengeschlechtlichen Eltern-Kind-Konstellationen kann das zu heftiger Eifersucht führen: Solange es keinen neuen Partner gibt, können Mädchen oder Jungen die Phantasie entwickeln, den gegengeschlechtlichen Erwachsenen ganz für sich zu haben und dabei auch schon so groß zu sein, daß sie einen Partner an der Seite des Elternteils ersetzen könnten. Die mit dem Auftauchen neuer Liebhaber verbundene schmerzliche Erkenntnis, doch zu klein und von erwachsener Liebe ausgeschlossen zu sein, führt zu Kränkungen und Wut.

Bisweilen äußern Kinder ihre Abneigung gegenüber dem neuen Partner recht offen. Unabhängig davon, ob tatsächlich keine Sympathie besteht, ist es für Kinder wichtig, daß ihnen ihr frisch verliebtes Elternteil den Eindruck vermittelt, sie hätten ein Recht auf ihr eigenes Urteil, ob es nun positiv oder negativ ausfällt. In jedem Fall sollten Eltern vermeiden, so etwas wie Zuneigung zu verlangen. »Den mag ich nicht« als wiederholte Äußerung ihres Sprößlings könnte die Mutter am besten mit »in Ordnung« beantworten. Die Grenze zwischen Abneigung und Boykott sollte allerdings unbedingt gewahrt werden, weil sonst Kinder mit der Größenidee aufwachsen, jeden neuen Partner aus dem Haus treiben und vernichten zu können.

Solche Konstellationen verlangen allen Beteiligten eine Menge Souveränität ab – nicht zuletzt auch dem neuen Partner oder der neuen Partnerin. Und die tun gut daran, die Abneigung mit Gelassenheit zu tragen, freilich mit der unbe-

dingten Forderung, daß bei allen Vorbehalten der gegenseitige Respekt im Umgang gewahrt bleibt. Häufig werden Kinder dann das offensichtliche Format des neuen Patchwork-
Familienmitglieds anerkennen und Interesse entwickeln, wo
vorher Ängste und Nöte das Erleben bestimmten.

Entscheidend ist bei all dem, ob Kinder nach wie vor das
Gefühl haben, der ihnen zustehende Platz wird ihnen nicht
streitig gemacht und jedes Familienmitglied hat seinen Platz.
Eine neue Partnerschaft konfrontiert Kinder zwar erneut mit
Auseinandersetzungen zwischen den Erwachsenen, aber
auch mit der korrigierenden Erfahrung, daß Konflikte nicht
notwendig zur Trennung führen müssen.

Der Mythos der neuen Lustlosigkeit

Sexualisierung der Gesellschaft und der Verlust an Intimität

Tote Hose im Bett und Flaute bei der Leidenschaft konstatieren Sexualwissenschaftler bereits seit Jahren. Gruselige Untersuchungen über die sogenannte Koitushäufigkeit von Paaren ermitteln, daß jeder zweite Befragte seltener als einmal wöchentlich Geschlechtsverkehr hat. Kamen in den siebziger Jahren lediglich 8 Prozent der Frauen und 4 Prozent der Männer in die renommierte Hamburger Sexualberatungsstelle der Universität, waren es in den neunziger Jahren bereits 58 Prozent der Frauen und 16 Prozent der Männer.

Anders als in den prüden Nachkriegsjahren erleben junge Erwachsene zwar Sexualität nicht mehr mit Scham- oder Schuldgefühlen, wie zahlreiche Studien belegen. Und auch die anfängliche Aids-Hysterie hat keinen Einbruch im Trend zu sexueller Liberalisierung bewirkt. Dennoch hat nach Ansicht des Frankfurter Sexualwissenschaftlers Volkmar Sigusch Sexualität in den letzten beiden Jahrzehnten an Bedeutung verloren.

Doch von unbefriedigender oder seltener Sexualität bei Paaren oder Singles kann nicht gleich auf eine lustlose Gesellschaft geschlossen werden. Umgekehrt nämlich sind weite Bereiche gesellschaftlichen Lebens sexualisiert. Nicht nur die Werbung für Autos, Mode oder Reisen bedient sich zahlreicher offener oder verdeckter sexueller Anspielungen. Sex-Magazine, die tägliche nackte Schönheit in der Boulevardpresse und besonders das Internet bieten Masturbationsvorlagen und voyeuristische Einblicke. Sexshows im Fernsehen liefern beständig Anschauungsmaterial über Gewohnheiten und Praktiken von Individuen oder Paaren, die sich über ihre Sexualität verbreiten oder dabei gleich abfilmen lassen. Umgangssprachliche Formulierungen nicht nur bei Jugendlichen beziehen sich unverblümt, doch häufig unbemerkt von Sprecher und Zuhörer auf Sex: »geil«, »gut drauf sein«, »was abgeht«, »kommt gut« (oder eben nicht) sind drastisch sexualisierte Metaphern.

Offenkundig geht es nicht einfach um den Verlust von Lust oder Sex schlechthin, sondern um die Preisgabe gemeinsamer Intimität. Denn die Sexualisierung der Gesellschaft ist öffentlich, die neue Lustlosigkeit aber privat und – meist – zu zweit. Das öffentliche Interesse an Sexualität steigt beständig und nimmt in seinen voyeuristischen Ausformungen immer bizarrere Formen an, die geteilte Lust aber nimmt gleichzeitig ab. Das gilt nicht nur für feste Beziehungen, sondern auch für Seitensprünge, deren Zahl ebenfalls sinkt.

Demgegenüber wächst die sexuelle Selbstbezogenheit: Tatsächlich stieg nämlich die Masturbationshäufigkeit nach einer Untersuchung des Hamburger Sexualwissenschaftlers Gunter Schmidt zwischen 1966 und 1996 erheblich. Waren es 1966 77 Prozent der Männer und 37 Prozent der Frauen, so gaben 1996 94 Prozent der Männer und 74 Prozent der Frauen an, regelmäßig zu masturbieren. Da aber in kaum einem Bereich so viel geschummelt und sich selbst vor gemacht wird wie bei der Sexualität, könnte es durchaus sein, daß vor allem die Ehrlichkeit der Befragten stark zugenommen hat.

Die Ursachen für den Rückgang gemeinsam geteilter Lust sind vielfältig. Der häufigste Grund wird dabei oft übersehen: Depression, die verbreitetste psychische Volkskrankheit, geht nicht selten mit einem Verlust an Libido und allgemeiner Empfindungs- und Lustfähigkeit einher. Daneben spielt auch Alkoholismus, ebenfalls als Volkskrankheit weit unterschätzt, eine wesentliche Rolle beim Libidoverlust. Doch der Rückzug aus der Intimität spiegelt auch die veränderten Rahmenbedingungen einer Paarbeziehung wider. Heute herrscht viel mehr als früher der Anspruch, alles miteinander zu teilen und möglichst wenig unterschiedliche Rollen zwischen Mann und Frau zu etablieren.

Erotische Spannung aber lebt von der Distanz und dem letztlich niemals in Gänze verstehbaren anderen. Je mehr die Partnerin oder der Partner zur berechenbaren Größe wird und einem selbst in Beruf, Freizeit und Gewohnheiten ähnelt, desto mehr geht der Zauber des immer auch unerreichbaren, rätselhaften Gegenübers zurück. Die Gewißheit, alles zu wissen und zu kennen, tötet die Sehnsucht, schmälert andererseits aber die Befürchtung, den anderen nicht zu verstehen oder gar zu verlieren. Alles gemeinsam zu machen, schafft Sicherheit, die zugleich jedoch die prickelnde Spannung beseitigt, auf der Anziehung beruht. Deshalb berichten viele Paare, anfangs sei ihre Sexualität sehr aufregend gewesen, sei aber rasch abgeebbt.

Lustvolle Intimität benötigt Zeit und Muße, weshalb die zunehmenden Alltagsbelastungen durch Streß und Hetze wenig Raum lassen, sich und dem anderen immer wieder neu zu begegnen. Umgekehrt führt allerdings auch Arbeitslosigkeit, verbunden mit dem Gefühl eigener Wertlosigkeit und dem Verlust der Tagesstruktur, zu sexuellem Desinteresse. Es sind die Grenzen zwischen den Partnern und die Strukturierung von Zeit und Rollenverteilungen, die beide Partner als eigenständige Personen schützen und damit erotische Spannung aufrechterhalten.

Allerdings benötigt jedes Paar auch die Möglichkeit, in Krisenzeiten Grenzen zeitweilig aufzuheben. Verzweiflung, Krankheit oder der Verlust eines nahen Angehörigen lassen einen Partner über einen gewissen Zeitraum zum Kind in den Armen des anderen werden. Gibt es diese Möglichkeit zur Regression, also zum Erleben kindlicher Hilflosigkeit und Geborgenheit, nicht, bleibt die Beziehung emotional flach. Gelingt es jedoch dem Paar nicht, sich nach Krisenzeiten wieder als Mann und Frau zu begegnen, verändert sich die Liebes- in eine Geschwisterbeziehung, was erotische Anziehung unmöglich macht.

Die schwierige Gestaltung einer Lebensgemeinschaft fordert von beiden Partner ein beständiges Oszillieren zwischen sehr verschiedenen Rollen. Es ist die Flexibilität beider Beteiligter im Wechsel der Rollen, die die Beziehung lebendig hält. Wenn einer oder beide vornehmlich den starken Vater oder die gütige Mutter im Gegenüber suchen, erlischt die Freiheit, sich immer wieder neu zu begegnen.

Umgekehrt können jedoch Leidenschaft und sexuelle Ekstase an sich die psychische Stabilität bedrohen. Denn das lustvolle Sichfallenlassen setzt die zeitweilige Preisgabe der Selbstgrenzen voraus. Paradoxerweise erfordert Ekstase stabile Selbstgrenzen: Sich in die Lust fallen lassen zu können, bedeutet die zeitweilige Preisgabe eigener Grenzen und die Aufgabe von Kontrolle. Nur die Gewißheit, hinterher wieder man oder frau selbst zu sein und über die nötigen Grenzen zu verfügen, ermöglicht dauerhafte Leidenschaft in einer Paarbeziehung.

Die Verschmelzung in gemeinsamer Lust braucht Geheimnisse, die das Paar verbindet und vor der Öffentlichkeit hütet. Die gemeinsamen Praktiken und das immer auch ein wenig Verbotene und Anrüchige verleihen dem Paar jene einzigartige Intimität, die durch Seitensprünge oder Nebenbeziehungen zerstört würde. Die Ausschließlichkeit der erotischen Intimität gewährt zudem die Sicherheit, sich über sexuelle Wünsche und Phantasien frei austauschen zu können, ohne die Befürchtung hegen zu müssen, das Gesagte dringe nach außen.

Die viel beklagte öffentliche Zurschaustellung des Privaten hat jedoch auch Hemmschwellen sinken lassen, professionelle Hilfe zur Behebung sexueller Schwierigkeiten aufzusuchen. Denn immerhin existiert die – mittlerweile modifizierte – Behandlungsmethode der beiden US-Amerikaner William Masters und Virginia Johnson seit dreißig Jahren, wird aber heute mit großer Selbstverständlichkeit in Anspruch genommen.

Ein Paar, das sich entschließt, professionelle Hilfe gegen Libidoverlust in Anspruch zu nehmen, kann auf eine eher kurze Behandlungsdauer mit recht guter Prognose hoffen. Voraussetzung ist dabei der Ausschluß organischer Ursachen wie zum Beispiel Querschnittslähmung, Gefäßerkrankungen, Schlaganfall oder Diabetes. Liegt zudem bei keinem der Partner eine schwerere psychische Erkrankung vor, kann das Paar durch die Aufrichtung von Grenzen sowohl im täglichen Umgang als auch im sexuellen Bereich erotische Anziehung wiedererwecken. Ein verordneter Koitusverzicht zu Anfang und eine Abfolge entspannten, lustvollen Zusammenseins mit der Erkundung des anderen Körpers bis hin zum Austausch über Phantasien und Wünsche läßt in vielen Fällen erotische Spannung wiederentstehen. Die Dauerhaftigkeit des Behandlungserfolgs ist jedoch nicht nur von der Behandlungstechnik abhängig. Mindestens ebenso entscheidend ist, ob das Paar zu neuen Formen des Austauschs und des konstruktiven Streitens kommt, um das Wechselspiel zwischen gegenseitiger Anziehung und Distanzierung lebendig zu halten.

»Pictures of Lily«

Nicht nur die Art der Pornographie, sondern auch die Phantasien des Konsumenten sind entscheidend

Jürgen P. (Name geändert) befindet sich wegen einer depressiven Erkrankung, schwerer Selbstwertkrisen und hoher Schulden in stationärer Behandlung. Die Schulden entstanden durch zwanghaftes Surfen durch Internet-Porno-Seiten. Immer mehr zog sich Jürgen P. zurück, legte auf seiner Festplatte riesige Pornographiearchive an und onanierte fast pausenlos. Die Beschäftigung mit Sex-Sites und die Onanie überdeckten seine Gefühle innerer Leere und Sinnlosigkeit.

Beinahe über Nacht ist Internet-Pornographie öffentliche Alltagsware geworden. Doch die Zurschaustellung von Geschlechtsverkehr, wie etwa alt-tibetanische Koitusdarstellungen an Hausfassaden, Ovids »Liebeskunst«, Boccaccios »Decamerone« des Spätmittelalters oder John Clelands »Fanny Hill«, ist in allen Epochen und Kulturen zu finden. Die Lust an der Darstellung erotischer oder sexueller Handlungen wird je nach Zeitgeist mehr oder weniger geduldet, was die Neugier jedoch kaum mindert.

Das große Interesse an der Schlüssellochperspektive ist keineswegs auf drastische sexuelle Themen beschränkt. Ganze Zeitungsimperien leben von voyeuristischer Neugier ihrer Leser am Privatleben von Prominenten – immer mit einem Schuß Sex. Umgekehrt suhlen sich viele Prominente in öffentlicher Aufmerksamkeit, die das Selbstwertgefühl stimuliert und die eigene Bedeutung unterstreicht – und seien die Berichte über die eigene Person auch noch so negativ. Und weil nicht jeder prominent ist, bieten Big-Brother-Soaps auch für Nobodys die Möglichkeit, durch Selbstexhibition berühmt und reich zu werden.

Schau- und Zeigelust, also die Freude, sich zu zeigen oder gesehen zu werden, sind keineswegs auf Sexualität beschränkt: Neugier und der Wunsch, bei anderen Bewunderung zu finden, sind angeborene Verhaltensmuster. Säuglinge wie Eltern erleben große Freude und Lust bei Zeige- und Guckspielen. Dabei können emotionale wie körperliche Erregung, allerdings nicht sexueller Art, so stark werden, daß Kinder vor Glück juchzen. Oft wird ihnen die dann entstehende Spannung aber zu viel, und sie müssen sich abwenden.

Sich zu zeigen, gesehen, wahrgenommen und bewundert zu werden, stimuliert das Selbstwertgefühl und ist unverzichtbare Voraussetzung seelischen Gleichgewichts. Umgekehrt erregt auch das Sichtbarwerden anderer Menschen, ob auf der Promenade oder im Gespräch. Das Ausmaß sexueller Erregung und der Grad an Öffentlichkeit entscheidet, ob Schauen und Angeschautwerden pornographischer Art sind. Denn die Aufhebung sexueller Intimitätsgrenzen wird nur dann als pornographisch empfunden, wenn sie öffentlich geschieht. Sexuelle Erregung kann mit jeder Art von Zurschaustellung verbunden sein – jedenfalls sofern der persönliche Geschmack und die bei sexuellen Handlungen immer mitspielenden Phantasien angesprochen sind.

Aus diesem Grund gibt es besonders im Internet zahlreiche Pornographieangebote, die nicht allein Nacktheit oder sexuelle Praktiken darstellen, sondern vor allem die verschiedensten Vorlieben und Phantasien bedienen. Was im Alltag eventuell nicht ausgelebt werden kann, bieten Internet-Sites. Moralisierende Haltungen gegenüber Pornographie im allgemeinen übersehen, daß diese längst Teil von Freizeit- und Unterhaltungskultur geworden ist. Und auch die feministische Kritik mündet rasch in Doppelmoral, mit der wissenschaftlich unhaltbaren Behauptung, daß »anständige Frauen keinen Sex um des Sex willen und erst recht keine ausgefallenen Phantasien und Wünsche haben«, wie die Journalistin Cristina Nord kritisiert.

Pornographie ist keine reine Männersache, denn tatsächlich finden prozentual Männer wie Frauen sexuell stimulierende Filme, Fotos oder Geschichten gleichermaßen erregend. Eher ist der Konsum von Pornographie für Männer selbstverständlicher und das Ausmaß an dargestellter Gewalt oder Perversion unterschiedlich. Bereits in den siebziger Jahren fanden die beiden Sexualforscher Gunter Schmidt, Hamburg, und Volkmar Sigusch, Frankfurt/Main, wenig Unterschiede zwischen Männern und Frauen in der Ansprechbarkeit auf »explizit sexuelle Stimuli«. Allerdings erlebten sich die weiblichen Versuchspersonen deutlicher im inneren Konflikt zwischen Erregung und Widerwillen als Männer. Demnach finden Frauen Pornographie nicht grundsätzlich nur abstoßend.

Demgegenüber besteht der Kern vor allem feministischer Pornographiekritik in der Unterstellung einer Täter-Opfer-Dynamik zwischen Darstellerin und Betrachter. Da Frauen als Opfer sexistischer männlicher Machtausübung gesehen werden, wird die Kritik zwangsläufig moralisierend und lustfeindlich. »Dazu paßt«, so Cristina Nord, »daß Porno-Gegnerinnen auf die Frage, was gute Sexualität sei und wie die Bilder davon aussähen, keine befriedigende Antwort wissen.« Wenn Pornographie überhaupt eine Existenzberechtigung hat, stellt sich die Frage, wie nicht sexistische erotisierende Darstellung von Sexualität eigentlich aussehen könnte.

Der von den beiden Sexualforschern Schmidt und Sigusch festgestellte Ambivalenzkonflikt vor allem der weiblichen Versuchspersonen könnte sich auch in der öffentlichen Debatte über Pornographie widerspiegeln: Etwas amüsiert stellt Gunter Schmidt im Rückblick auf die Pornographiedebatte fest,»daß wir die Ergebnisse unserer damaligen Untersuchung als Beleg für die sexuelle Befreiung der Frau – etwas pathetisch gings schon zu – sahen. Wenige Jahre später änderte sich das Forschungsinteresse völlig: Pornographie wurde nun unter dem Gesichtspunkt der Frauenunterdrückung und des Sexismus diskutiert – ein Blickwinkel, der zuvor in phantastisch zu nennender Weise übersehen wurde. Erst sehr viel später wurde das Thema der konflikthaften Reaktionen auf Pornographie wieder aufgenommen«.

Die Vielschichtigkeit des Themas wie auch die unterschiedlichen beteiligten Gefühle verleiten offenbar zu einer Eindeutigkeit, die die Beurteilung erleichtert, dabei von inneren Konflikten wie bei den Versuchspersonen entlastet, dem Phänomen aber nicht gerecht wird. Schamhafte Reaktionen bei der Konfrontation mit pornographischem Material können nicht nur wegen der expliziten Sexualität entstehen, sondern vor allem, weil man und frau an sich körperliche Erregung bemerken, die eigentlich gar nicht gewünscht ist und inneren Werten und Überzeugungen zuwiderläuft.

Nicht nur der Pornokonsument kann die Beziehung zum Darsteller objekthaft gestalten, indem er die Macht genießt, jederzeit sein Objekt der Begierde betrachten und mit Phantasien belegen zu können. Umgekehrt können die Protagonisten von Pornomaterial die Macht über ihre »Verbraucher« ebenfalls auskosten, wenn sie begehrliche Abhängigkeiten auslösen und sogar Einfluß auf intime körperliche Reaktionen ausüben können. Vielmehr geht es um eine gegenseitige virtuelle Machtausübung über den jeweils anderen – mindestens in der Phantasie. Die unterstellte Beziehungslosigkeit zwischen Betrachter und Darsteller ist in Wirklichkeit eine wechselhafte objekthafte Stimulation des Selbstwertgefühls durch tatsächliche oder imaginierte Macht über den jeweils anderen – durchaus mit massiven wechselseitigen Entwertungen.

Auch dies kann, muß aber nicht Inhalt der Phantasien des Konsumenten sein. Der Beat-Song »Pictures of Lily« von »The Who« erzählt von einem jungen Mann, der sich auf Rat seines Vaters ein Pin-up-Girl an die Wand heftet – zum besseren Einschlafen. Doch bei der reinen Onanievorlage bleibt es nicht, ist doch der Jüngling entsetzt, als er erfährt, daß die Dame – weil inzwischen schon alt – nicht mehr, wie von ihm erträumt, als Partnerin in Frage kommt – klarer Ausdruck einer vorgestellten gemeinsamen Liebesbeziehung.

Bereits die Schlüssellochperspektive von Kindern, die ihren Eltern beim Verkehr zuschauen, macht diese – allerdings im Unterschied zu Pornographie – zu unfreiwilligen Objekten. Die bei Kindern sonst mehr oder weniger vagen oder eventuell auch falschen Vorstellungen konkreter Sexualität werden durch die Beobachtung objektiviert. Die entstehenden Gefühlsstürme von Neugier, Erregung, Ekel, Angst oder Überraschung motivieren im günstigen Fall, Bilder eigener Sexualität zu entwickeln.

Pornographie kann diese vormalige Schlüssellochperspektive, die vielleicht gar nicht praktiziert wurde, fortsetzen, indem anderen zugeschaut wird, statt es – vielleicht in Ermangelung eines geeigneten Partners – selbst zu tun.

Entscheidend sind die beim Konsum von Pornographie wirksamen Phantasien und Motive: Onaniert der Betrachter beim Anblick eines kopulierenden Paars und kommt via phantasiertem Mord an einem oder beiden zum Höhepunkt, oder stellt sich der Betrachter angesichts der Abbildung einer nackten gefesselten Frau vor, diese zu befreien und mit ihr eine leidenschaftliche Liebesbeziehung einzugehen?

Zwei Beispiele mögen das erläutern. Bei pädophilen Patienten forensischer Einrichtungen sind TV-Kinderprogramme besonders beliebt. Während des häufigen Onanierens beim Anblick von Kindern in völlig harmlosen Fernsehsendungen haben viele Patienten massive gewalttätige und sadistische Phantasien. Zu den ganz anders gemeinten Bildern vom Kinderkanal imaginieren sie sich ihre speziellen sadistischen Praktiken und Übergriffe – mangels harter Kinder- oder Gewaltpornographie. Ähnliche Funktionen erfüllen die Kataloge von Versandhäusern und ihre Darstellung von Kindermoden mit entsprechenden Models. Therapeutisch konsequent – aber selten praktiziert und schwer kontrollierbar – wäre ein Verbot solcher Programme oder Vorlagen für pädophile Patienten aufgrund des Mißbrauchs im Sinn ihrer Delikte.

Anna M. (Name geändert) lebt seit zwei Jahren von ihrem Mann getrennt. Nach der sexuell wenig befriedigenden Ehe begibt sich Anna M. in ihrer psychoanalytischen Behandlung auf die Suche nach Bildern und Phantasien ihrer Sexualität. Sie liest erotische Literatur, schaut sich zu Hause pornographische Filme und Internetseiten an, um herauszufinden, »was es so alles für mich geben könnte und ich nicht gelebt habe oder mich nicht traute«. Die Patientin nutzt Pornographie für emanzipatorische Zwecke und versucht Ideen ihrer bisher verborgenen sexuellen Wünsche zu entwickeln.

Erste Gehversuche blieben nicht ohne Enttäuschungen, wenn die Wirklichkeit mit einem Mann nicht einlöste, was die virtuelle Realität versprach. Tatsächlich verschaffen perfekt gestylte Pornomenschen in exakt den sexuellen Kernphantasien entsprechenden Szenen nicht nur Befriedigung und Motivation, es ihnen im eventuell etwas grauen Alltag gleich zu tun.

Entscheidend ist der Umgang mit Pornographie und die Funktion, die sie für den Konsumenten hat: Dient sie der Bereicherung des eigenen Lebens mit sich und einem Partner oder dem sozialen Rückzug, weil die Realität scheinbar nicht einlöst, was die idealisierten Bilder versprechen? Wird Pornographie genutzt, um Bindungen auszuweichen, denen man oder frau sich nicht gewachsen fühlt, oder umgekehrt als Chance, um sie zu vitalisieren? Wenn das Auftreten sexueller Erregung, wie sie vermutlich auch beim Betrachter von Koitusdarstellungen im Kamasutra entstand, einziges Kriterium für den Unterschied zwischen Pornographie, Kunst und Pädagogik sein soll, müßte Aufklärung über die aufregendste Sache der Welt immer dröge-langweilig, Kunst lediglich schöngeistig, Pornographie aber grundsätzlich fies-stimulierend daherkommen.

Der Vergleich zwischen Anna M., Jürgen P. und forensischen Patienten zeigt, daß der wesentliche Unterschied weniger im benutzten Material, sondern vielmehr in den begleitenden Phantasien, den Motiven für den Pornographiekonsum und die Konsequenzen für den Alltag liegt. Doch damit ist es umgekehrt keineswegs gleichgültig, welcher Art das von Pornographieproduzenten hergestellte Material ist, wie von jenen gern behauptet. Sogenannte harte Pornographie – vom Gesetzgeber unter Strafe gestellt – läßt keinen Raum für weitgefächerte Phantasien. Gewalttätiger Sex, eventuell mit Kindern, grenzt die Phantasien der Konsumenten auf inzestuöse, fremdschädigende Inhalte ein, im Gegensatz zu weicher Pornographie, die immerhin einen Spielraum für zärtliche, leidenschaftliche oder eben auch »gewaltschwangere« Vorstellungen offenläßt.

Während es keine gesicherten wissenschaftlichen Befunde für die Steigerung sexueller oder nicht direkt sexueller Gewalt gegenüber Frauen oder Schwächeren durch Pornographie gibt, trifft dies für massiv gewalttätige Pornographie nicht zu. Bereits seit den sechziger Jahren weist die Sozialpsychologie die nachahmende Wirkung von Filmen mit Gewaltszenen nach. Gewalt, könnte man folgern, gilt anscheinend als sozial akzeptabler als weiche Pornographie, da tagtäglich in den verschiedenen Fernsehprogammen rund um die Uhr zahllose Menschen auf unterschiedlichste Weise zu Tode, viel weniger aber zum sexuellen Höhepunkt gebracht werden.

Die allenthalben beklagte schamlose Gesellschaft, festgemacht an der massenhaften Verbreitung von Pornographie, besteht so jedenfalls nicht. Zwar sinken die Schamgrenzen bei der Öffentlichkeit von Pornographie, auf der anderen Seite wächst die Angst vor tatsächlicher Intimität, nämlich geteilter Zweisamkeit auf Dauer. Während die Anzahl der Single-Haushalte steigt, und damit die Unfähigkeit, sich einem anderen in dauerhafter intimer Beziehung hinzugeben, sinkt gleichzeitig die Hemmschwelle, sich in Massenmedien zu exhibitionieren.

Der von dem Soziologen Norbert Elias behauptete Zusammenhang zwischen einem Ansteigen von Scham, Triebhemmung und Zivilisation erweist sich als irrig. Nicht ob, sondern wie und an welchen Quellen Scham entsteht, bestimmt den Umgang einer Gesellschaft mit Intimität. Intimität aber ist nicht mit der Präsentation von Geschlechtsteilen im Internet oder der Zurschaustellung der eigenen Person in Big-Brother-Containern zu verwechseln. Eine intime Beziehung definiert sich über die Freude, sich einem anderen zu zeigen und hinzugeben, und der gleichzeitigen Lust, einen anderen Menschen wahrzunehmen – in seiner persönlichen Intimität, in emotionaler wie in sexueller Hinsicht.

Der Kern der Perversion ist Feindseligkeit

Nicht Praktiken, sondern Phantasien sind kennzeichnend

Was in der Liebe erlaubt ist, was als anstößig oder pervers gilt, wird in unterschiedlichen Kulturkreisen sehr ungleich gesehen. Analverkehr, in Deutschland zwischen einem heterosexuellen Paar durchaus nicht selbstverständlich, wird in Schwarzafrika als häufiges Empfängnisverhütungsmittel praktiziert. Umgekehrt gilt dort Homosexualität als äußerst verpönt.

Psychoanalytiker versuchen demgegenüber, sogenannte Perversion jenseits kulturabhängiger Moralvorstellungen zu verstehen. Nicht die Abweichung von einem Normverhalten, sondern die Funktion der Praktiken entscheidet darüber, ob sexuelle Vorlieben Teil einer Perversion sind. Aus diesem Grund ist Homosexualität keine Perversion, sondern eine mögliche sexuelle Orientierung. Umgekehrt sind etwa gewalttätige heterosexuelle Praktiken Teil einer Perversion. Die Qualität der Beziehung bestimmt darüber, ob eine Perversion vorliegt: Wird der andere als Person mit eigenen Bedürfnissen oder lediglich als Objekt wahrgenommen? Wie dauerhaft sind die eingegangenen Beziehungen? Besteht die Fähigkeit, Sorge oder Schuldgefühle in bezug auf den anderen zu empfinden?

Tatsächlich beinhalten Perversionen zumeist drei wesentliche Faktoren: ein zwanghaftes Ritual, von dem nicht abgewichen werden darf, um psychische oder sexuelle Erregung zu erzielen; ein reales oder phantasiertes Risiko, zum Beispiel erwischt, bestraft oder körperlich beschädigt zu werden, und Feindseligkeit gegenüber dem Sexualpartner. Der Partner wird allerdings bei zahlreichen Perversionen kaum noch als Person, sondern viel mehr als Objekt gesehen. Wesentlich ist hier das Gefühl des Triumphs oder der Überlegenheit gegenüber dem anderen oder auch dem Opfer einer strafbaren Handlung.

Josef S. (Name geändert), verheiratet, ist bereits mehrfach wegen exhibitionistischer Handlungen verurteilt worden. Wenn er sich am Arbeitsplatz oder von seiner Frau gedemütigt fühlt, spürt er anwachsende Spannung in sich. Meist sucht er dann öffentliche Plätze auf, von denen er weiß, daß dort ab und zu Frauen ohne Begleitung vorbeigehen. Beim Exhibitionieren kommt er nur dann zu Erregung und gelegentlichem Höhepunkt, wenn sich seine Opfer erschreckt zeigen, schreien oder ihn beschimpfen. In seinen Phantasien spielt die Macht über seine Opfer eine große Rolle. Erschrecken und Schreien scheinen ihm zu beweisen, wie mächtig er als Mann in Wirklichkeit doch ist, und lindern zuvor erlittene Kränkungen und Ohnmachtsgefühle.

Die von Laien oder bei Gericht oft kopfschüttelnd verzeichnete Tatsache des hohen Verhaftungsrisikos ist für Josef S. in Wahrheit eine weitere Bestätigung seiner Männlichkeit – beweist sie doch, daß er in den Augen von Polizei, Öffentlichkeit und Opfern eine Gefahr darstellt und man seine Männlichkeit keineswegs belächeln, sondern äußerst ernst nehmen muß. Nicht zuletzt deshalb gehören Exhibitionisten zu den am häufigsten verhafteten und verurteilten Sexualstraftätern.

Wie bei allen Perversionen spielt sexuelle Befriedigung

nur eine untergeordnete Rolle. Entscheidend ist die Phantasie der Rache, die ausgeübte Macht und der Triumph, andere erschrecken zu können, was die eigene Männlichkeit zu beweisen scheint. »Der Kern jeder Perversion ist Haß«, sagte der amerikanische Perversionsforscher Robert Stoller. Besonders deutlich wird das zum Beispiel bei Nekrophilie (sexuelle Handlungen mit Leichen), Pädophilie, gewalttätigem Sadomasochismus oder obszönen Telefonbelästigungen. Stoller glaubte, daß immer dann Perversionen entstehen, wenn sich Demütigungen in der Kindheit besonders auf die sexuelle Identität bezogen, sie belächelten oder in Frage stellten. Dabei spiele die Umkehrung von der Opfer- in die Täterrolle die entscheidende Rolle.

Wer zum Beispiel als Junge häufig gezwungen wurde, Mädchenkleider zu tragen und sich besonders weiblich zu verhalten, könne diese Kränkung seiner männlichen Geschlechtsidentität durch späteren Transvestismus umkehren: Das Tragen von Frauenkleidern bedeute nun nicht mehr die Infragestellung des eigenen Geschlechts. Vielmehr werde durch das Tragen weiblicher Kleidung die ehemals bedrohte Geschlechtsidentität geschützt. »Doch noch einmal davon gekommen«, so könnte die Überschrift jedes perversen Rituals lauten: Ich bin doch der, der ich sein möchte, und ich bin unangreifbar, mächtig und räche mich auf diese Weise an meinen vorgeblichen Peinigern. Überlegenheit und das Erschrecken der Opfer verwandeln sich so in ein Gefühl des Triumphs. Solcher Triumph über das weibliche Geschlecht kommt besonders in Transvestitenshows zum Ausdruck, wenn sich die Darsteller als die schöneren und besseren Frauen präsentieren und diese gleichzeitig spielerisch oder ernsthaft verhöhnen.

Ganz anders verhält es sich beim Transsexualismus, der nichts mit Perversion oder Transvestismus zu tun hat. Transsexuelle haben das intensive Gefühl, Träger des falschen Geschlechts zu sein. Wo der Transvestit sich immer seines wahren Geschlechts bewußt ist, aber dem Triumph über Frauen frönt, wünscht der Transsexuelle die Änderung seiner äußeren Geschlechtsidentität ohne jeden Rachegedanken, weshalb Transsexualismus nicht als Perversion, sondern als Identitätsstörung gilt.

Der Haß des Perversen äußert sich in einem weiteren typischen Merkmal: Alle sogenannten normalen sexuellen Verhaltensweisen werden als minderwertig, spießig und jenseits des wahren Genusses dargestellt. Der Perverse kehrt damit sein Wissen um seine eigene Unterlegenheit und sexuelle Unsicherheit in einen triumphalen Sieg um. Häufig geht die Entwertung perverser Verhaltensweisen eben nicht nur von gesellschaftlichen Konventionen aus, sondern stellt eine Reaktion auf die Entwertung genitaler Sexualität durch den Perversen selbst dar.

Eines der besonderen Rätsel ist der Masochismus, der scheinbar keineswegs zu Gefühlen von Überlegenheit, Macht und triumphaler Rache beitragen kann. Tatsächlich begleiten jedoch auch hier Phantasien über die Kontrolle des sadistischen Partners und die Großartigkeit der eigenen Person die ausgeübten masochistischen Praktiken. Der Partner wird häufig subtil zu gewalttätigen Handlungen provoziert, dabei zugleich aber auch im Zaum gehalten. Die Erregung entsteht aus zwei Quellen: Einerseits führen Mißhandlungen oder Demütigungen keineswegs zur Vernichtung der eigenen Person. Im Gegensatz zu in Kindheit oder Jugend erlittenen schweren psychosexuellen Mißhandlungen gelingt auf diese Weise eine Umkehr der Kontrolle: Diesmal geht alles gut aus, und die vormalige Ohnmacht wird in Macht und subtile Kontrolle des Mißhandlers verwandelt. »Ich lebe mit einer Bombe«, sagt die in ständiger Gefahr schwerer Mißhandlungen lebende 35jährige Evelyn K. (Name geändert). »Doch wenn er hochgeht, macht er sich nur selbst lächerlich und zeigt, daß er in Wahrheit eine Flasche ist.« Das Opfer erlebt sich so als in Wahrheit stärker.

Daß Perversion keine ausschließlich männliche Domäne ist, zeigt das Zusammenspiel sadomasochistischer Paare. Nicht nur in SM-Clubs, sondern vor allem im Alltag entwickelt sich die destruktive Spirale gegenseitiger Entwertungen und Demütigungen. Die Phantasie beider Partner, die Qualen des anderen oder die eigenen beherrschen und kontrollieren zu können, führt zu einer endlosen Kette gegenseitiger Provokationen und Gewalt.

Doch die Selbstversicherung, die gefahrvolle Situation und den Partner kontrollieren zu können, hält nie lange vor. Aus diesem Grund muß die ursprünglich traumatische Situation zwanghaft immer wieder aufgesucht werden. Besonders stimulierend wirkt dabei die verbleibende Unsicherheit, ob nicht doch der sadistische Partner Grenzen überschreitet. Starke Erregung bleibt hingegen aus oder verschwindet, wenn das Ritual zu wenig Aufregung und Unsicherheit bietet oder umgekehrt außer Kontrolle zu geraten droht.

Liebe ohne ein gewisses Ausmaß an Aggression ist nicht möglich. Werben und Necken, leidenschaftliche Vereinigung und partnerschaftliche Auseinandersetzung sind nicht ohne konstruktive Aggression möglich. Kontrollierte Machtausübung durch Locken, Verführen und spielerisches Versagen steigert nicht nur die Spannung eines Flirts, sondern belebt langjährige Partnerschaft. Ob zwei Liebende Fesseln oder Strapse, geflüsterte Obszönitäten oder vulgäre Worte und Anreden benutzen, sich gelegentlich im Aufzug oder Keller lieben oder andere Praktiken genießen, ist solange weder Teil einer Perversion noch eines Übergriffs, wie beide Spaß haben und vor allem Praktiken und Rituale nicht zwanghaft sind, sondern ständiger möglicher Veränderung unterliegen. Das Ausmaß an einfließender Feindseligkeit – ob in Phantasie oder realer Handlung – bestimmt, ob Liebe in Perversion entgleitet, ob Leidenschaft durch ein gerüttelt Maß an Aggression erhalten bleibt oder Langeweile zwischen den Partnern ausbricht.

»Ich stelle gleich die Ordnung auf«

Einfache Werturteile bei komplexen Problemen begünstigen die massenhafte Flucht zum Familienheiler Bert Hellinger

Wann immer man über den Wert psychotherapeutischer Verfahren spricht, sollte man eine Reihe von Begriffen auseinanderhalten, um nicht im Dschungel zahlreicher therapeutischer Verfahren und unklarer Definitionen verloren zu gehen.

Ein wissenschaftliches psychotherapeutisches Verfahren setzt vier Dinge voraus:

- *Modelle über die Entstehung, Aufrechterhaltung und Behandlung psychischer Krankheiten.* Zum Beispiel besteht weitgehende Einigkeit darüber, daß dispositionelle Faktoren erheblich die Art der Erkrankung bestimmen, Umweltfaktoren jedoch ob, wann und wie schwer jemand erkrankt. Außerdem weiß man seit einigen Jahren, daß schwere frühkindliche Psychotraumatisierungen zu biologischen Veränderungen des Gehirns führen können, von denen unklar ist, inwieweit sie reversibel sind.
- Eine *Nosologie*, also Aussagen über die Unterschiedlichkeit psychischer Krankheiten. Diese befinden sich in ständigem Fluß und werden dauernd umgeschrieben. Zum Beispiel glaubte man lange, daß Dysmorphophobie – die krankhafte, nicht objektivierbare Angst, häßlich zu sein oder einen Makel zu haben – der Hypochondrie zuzurech-

nen sei oder es sich hierbei um eine Zwangsstörung handele. Mittlerweile beginnt man die Dysmorphophobie als eigene Krankheitsentität zu verstehen (DSM: körperdysmorphe Störung).

– Eine *Entwicklungstheorie*, also Aussagen über entwicklungspsychologische Verläufe von Kindheit, Jugend, Erwachsenenalter und schließlich Alter; zum Beispiel wie jemand typische Schwellensituationen bewältigt, also Einschulung, Pubertät oder Austritt aus dem Berufsleben, und wie mit den charakteristischen Konflikten umgegangen wird, die diese Zeit bestimmen.

– Aussagen über *Indikationen*, einschließlich der Technik (en), die zur Anwendung kommen soll(en). Beispielsweise herrscht Einigkeit darüber, daß eine Zwangsstörung mit klar abgegrenzten Symptomen wie Zwangshandlungen (Kontrolle, ob die Herdplatte ausgeschaltet ist) mit Verhaltenstherapie die günstigste Prognose aufweist, eventuell in Kombination mit Psychopharmaka, eine zwanghafte Persönlichkeitsstörung jedoch oft besser mit psychoanalytischen Verfahren behandelt werden kann (evt. in Kombination mit Verhaltenstherapie).

Alle vorgenannten Punkte sollten stetiger empirischer Erfolgskontrolle unterliegen und auf diese Weise ständig verbessert werden.

Ganz gleich, welches Verfahren angewandt wird, sollte Klarheit über die Ziele der Behandlung bestehen: Wo wollen Patient und Therapeut hin? Dies ist in aller Regel zwischen Behandler und Patient abzusprechen.

Durch die gemeinsame Formulierung einer Diagnose und der Behandlungsziele kommt man zu einer Indikation der anzuwendenden Verfahren, also zum Beispiel einer verhaltenstherapeutischen Kurzzeitgruppenbehandlung. Behandlungsziele, Persönlichkeit, Möglichkeiten und Grenzen des Patienten und des Therapieverfahrens bestimmen am Ende spezielle, angepaßte Techniken.

Diese Techniken können bei sehr unterschiedlichen Therapieverfahren doch sehr ähnlich oder gleich sein. Beispielsweise kann innerhalb einer Verhaltenstherapie der Patient aufgefordert werden, angstauslösende Situationen aktiv aufzusuchen oder mit dem Therapeuten eine Tagesstruktur zu erarbeiten. Zu ähnlichen Interventionen wird man bei psychoanalytischen Fokaltherapien oder tiefenpsychologisch fundierten Verfahren kommen können.

Nicht sehr viel anders verhält es sich bei nicht-therapeutischen Methoden, also beispielsweise Supervision, Coaching oder Beratung. Auch hier wird man mit den Ratsuchenden nach einer Zielvorstellung Ausschau halten, eine Diagnostik betreiben, also was fehlt dem Team oder dem Patienten, den das Team behandelt, wie kommt es dazu und welche Techniken sollen angewandt werden. Und auch hier ist größtmögliche Transparenz zu schaffen.

Ob Psychotherapie, Beratung, Supervision, Balintgruppe oder Coaching: Die Verfahren haben keinen mystischen Charakter, sondern sind rationale Methoden, die den Ratsuchenden befähigen sollen, selbst sein Schicksal besser und weitgehender in die Hand zu nehmen und zu besseren Lösungen für seine Aufgaben und Probleme zu kommen. Mithin: Psychotherapie steht in der Tradition der Aufklärung.

Das bedeutet für Patienten, die sich bei ambulanten Psychotherapeuten vorstellen: Innerhalb der sogenannten probatorischen Sitzungen darf erwartet werden, daß der künftige Behandler ausführlich Chancen und Risiken einer Behandlung darlegt, die in Frage kommenden Verfahren mit dem Patienten diskutiert (auch die nicht von ihm vertretenen!), die Differentialindikation mit dem Patienten bespricht und ihn ermutigt, gegebenenfalls auch noch andere Therapeuten aufzusuchen. Wo dies nicht geschieht, ist der Patient gut beraten, kritische Fragen zu stellen und dabei zu prüfen, wie sein potentieller Therapeut damit umgeht, um sich eventuell nach Alternativen umzuschauen.

Nichts von alledem findet sich bei den Publikationen, Behandlungen und Auftritten des nun zu behandelnden Bert Hellinger.

Psychoanalytiker nennt er sich, und Missionar war er, Philosophie und Pädagogik hat er studiert, und jetzt ist er vor allem eines – Hoffnung für Paare und Heilsuchende, Lehrer und Psychoguru. Mit einer Mischung aus theologischen Phrasen und mystischen Geschichten, einfachen Wahrheiten und absoluten Werturteilen behauptet Bert Hellinger, umfassende Hilfe für alles und jeden bieten zu können. Respekt und Demut gegenüber Eltern und Familienangehörigen fordernd, behandelt Hellinger seine Patienten anmaßend und unverschämt, respektlos und in der Attitüde des Allwissenden.

Ein Mann hat seit einem Jahr Knochenkrebs. Die Behandlung hat Hellinger selbst in einem seiner Bücher festgehalten:

Hellinger (zur Gruppe): Er wird sterben. Er geht nicht raus aus der Verstrickung. (zum Patienten) Deine Wut ist dir wichtiger. – Was hast du deinem Vater angetan?
Patient (trotzig): Das weiß ich nicht.
Hellinger: Hast du ihm was angetan?
Patient: Das wüßte ich nicht.
Hellinger: Hast du ihn verachtet?
Patient (mit fester Stimme): Ja.
Hellinger: Das ist es.
Patient: Er hat mich . . .
Hellinger: Was der Vater gemacht hat, spielt hier keine Rolle.

Was du machst, das entscheidet. – Stelle dich wieder neben die Schwester. (zur Gruppe) Was jetzt fällig ist, wäre, daß er sich hinkniet und sich tief vor seinem Vater verneigt. Das bringt er nicht fertig. Er stirbt lieber, als daß er das macht. (zum Patienten) Stimmt das?
Patient: Nein!
Hellinger: Willst du es machen?
Patient: Ich will es probieren.
Hellinger: Nicht probieren! Willst du es machen?
Patient (mit fester Stimme): Ja.

Der krebskranke Patient erfährt vor allem eines: Er selbst ist es, der an seiner Erkrankung schuld ist. Hellinger und die anderen Gruppenteilnehmer fühlen nicht, was in solchen Fällen eine Psychotherapiegruppe erfassen könnte: das Gefühl tiefer Ohnmacht und Betroffenheit, Trauer und die Erkenntnis der eigenen Endlichkeit. Nicht solidarische Identifikation mit dem Patienten und seinem Schicksal, das schon am nächsten Tag jenes der anderen sein könnte, sondern hochfahrende Beschuldigung für das fremde Schicksal entlastet alle – bis auf den Patienten. Die medizinisch bizarre Idee, die Wahl zwischen Leben und Tod zu haben, dient der Beschimpfung des Kranken, der sich daraufhin ergibt. Und der tut dann, was verlangt wird, um wenigstens nicht von der Gruppe ausgestoßen zu sein – wenn er schon das Gefühl hat, aus dem Leben gestoßen zu werden.

Das konfrontativ-beschuldigende Vorgehen, das Hellinger hier praktiziert, dürfte zu einer weiteren Traumatisierung des ohnehin durch Erkrankung und Diagnose Traumatisierten führen. Doch einmal in Fahrt, kehrt Hellinger zu seinen pfäffischen Wurzeln zurück:

Hellinger: Gut, dann mache ich das mit dir und helfe dir dazu. – Knie dich hin auf den Boden, verneige dich bis auf die Erde, ganz tief, und strecke die Hände nach vorne, die Handflächen nach oben. So! Tief einatmen! Sag: »Lieber Papi!«

Patient: Lieber Papi!

Hellinger: »Ich gebe dir die Ehre.«

Patient: Ich gebe dir die Ehre.

Das geht so eine Weile, bis der Patient in totaler Verleugnung seiner Selbstachtung bei dem wiederum von Hellinger vorgebeteten Satz »und du darfst mich haben als deinen Sohn« anlangt. Die vielbeschworenen Mißbräuche und Übergriffe in Psychotherapien sind mitnichten auf sexuelle Handlungen beschränkt. Die Nötigung des Patienten unter Einsatz von Autorität, autoritärem Gehabe und Gruppendruck stellt ebenfalls einen schweren Übergriff dar – besonders, wenn dies mit der Attitüde des Großmeisters geschieht.

So verwundert es nicht, daß Hellinger korrigierende Erfolgskontrollen seiner Behandlungen ablehnt: »Das nimmt nur Kraft weg«. Womit er sicher nicht falsch liegt, denn die Kraft, die weggenommen würde, wäre in erster Linie die Selbstherrlichkeit, mit der Hellinger zu Werke geht: »Die Lösung braucht den Mut, der Wirklichkeit ins Auge zu sehen. Den hat in der Regel nur der Therapeut, vorausgesetzt, er bleibt unabhängig, weiß um die Ordnungen, die in Systemen wirken, und stimmt ihnen zu.«

Während sich jeder ernstzunehmende Psychotherapeut mit Bescheidenheit und in Zusammenarbeit mit seinem Patienten nach eventuell verborgenen Regeln, Tabus oder Kollusionen einer Familie auf die Suche macht, weiß Hellinger schon alles. Überlegt man in einer Familien- oder Gruppentherapie gemeinsam mit den Patienten, wie Verstrickungen aufgelöst werden könnten und ob die Anbefohlenen das überhaupt wollen, diktiert Hellinger seine bereits feststehenden Lösungen.

Der Seelsorger Bert Hellinger bedient sich bei seinen Behandlungen Verfahren, die weder neu noch von ihm sind. Das grundsätzliche Setting, falls Hellinger seine Behandlungen nicht – wie so häufig – vor mehreren hundert Anhängern zelebriert, ist das der klassischen Gruppentherapie. Eine begrenzte Anzahl von Personen – meist nicht mehr als neun –, die keine gemeinsame Vorgeschichte haben, kommen zu einer Gruppentherapie zusammen. Hellinger mischt nun dieses altbekannte Setting mit dem systemischer oder familientherapeutischer Modelle. Hierbei kennen sich die Teilnehmer, leben zusammen oder haben eine feste Beziehung – zum Beispiel die ihrer Ehe oder Familie.

Die systemische Therapie versucht bei Schwierigkeiten in einer Familie, festgefahrene Kommunikations- oder Interaktionsprobleme zu verstehen und der subjektiven Sicht jedes Mitglieds die der anderen Familienmitglieder gegenüberzustellen. Etwa so: Eine Familie mit zwei Kindern hat ein verhaltensauffälliges Kind, daß »nicht hört«. Die Eltern streiten sich ständig bei Tisch. Während die Frau sich darüber beklagt, ihr Mann höre ihr überhaupt nicht zu und beachte sie nicht, meint dieser, seine Frau störe ihn dauernd beim Zeitunglesen. Je mehr sich der Mann hinter seiner Zeitung verbarrikadiert, desto mehr bemüht sich seine Frau, ihn durch Vorwürfe zum Zuhören zu bewegen. Und je mehr Vorwürfe wiederum der Mann von seine Frau erfährt, desto mehr zieht er sich zurück. Eine endlose Kette von Reaktionen, bei der es sinnlos ist, nach Ursache und Wirkung zu fragen, wenn sie einmal begonnen hat. Je nach subjektiver »Interpunktion« liegt die Ursache im Rückzug des Mannes mit der Folge des Vorwurfs der Frau oder in den Vorwürfen der Frau mit nachfolgendem Rückzug des Gatten.

Ein familientherapeutischer Ansatz würde daher nicht nach dem Schuldigen suchen, sondern die endlose Abfolge von Rückzug und Anwurf benennen. Auf diesem Hintergrund kann das Symptom des Kindes durchaus Sinn machen, indem es durch Nicht-Hören auf die Sinnlosigkeit des elterlichen Dialogs reagiert. Objektive Wahrheiten gibt es bei diesem Modell nicht, das allen Teilnehmern die subjektive Sicht der anderen verdeutlichen will. Der Vorteil des Verfahrens liegt darin, daß sich alle Beteiligten für die Lösung verantwortlich – nicht schuldig! – fühlen, die gemeinsam gesucht werden kann.

Demgegenüber arbeiten Hellingers sogenannte systemische Lösungen mit angeblich objektiven Ordnungsvorstellungen, denen Paare und Familienmitglieder zu folgen haben, sofern sie nicht ins Unglück stürzen wollen. Hellinger fordert Gruppenmitglieder auf, ihre Familienangehörigen aufzustellen, indem der Teilnehmer zum Beispiel Ehepartner, Kinder, Mutter oder Vater in den Raum stellt – repräsentiert durch andere Gruppenmitglieder. Das kann durchaus erhellend sein, zum Beispiel wenn ein Mann feststellt, daß er seine Frau viel weiter von sich entfernt plaziert als seine Mutter oder er seine Kinder »vergessen« hat. Die verwendete Technik ist aber nicht neu oder von Hellinger erfunden.

Im Unterschied zu familientherapeutischen oder systemischen Ansätzen glaubt Hellinger aber, aus den Äußerungen der aufgestellten Gruppenteilnehmer die tatsächlichen Gefühle oder verborgenen Motive der realen Familienmitglieder, die ja gar nicht anwesend sind, ablesen zu können. Mehr noch: Er behauptet, durch das Aufstellen einer »richtigen« Ordnung die Probleme der Familie lösen zu können. Zu keinem Zeitpunkt scheut er sich, Werturteile darüber abzugeben, was richtig oder falsch ist, gut oder schlecht. Akzeptieren Gruppenteilnehmer seine vorgeschlagenen Lösungen nicht, reagiert Hellinger mit massivem Druck, Moralismen und Größenideen: »Ich merke, ob einer mit seiner Gefühlsäußerung gesammelt und bei der Sache ist oder ob ihn etwas ablenkt.« Ohne jede Erläuterung oder theoretische Fundierung kommt er zu absoluten Urteilen: »Bei so einer Situation ist die systemische Ordnung, daß sich der Mann von der ersten Frau trennen und die Frau, mit der er ein Kind hat, heiraten muß. Das wäre in Ordnung gewesen.«

Sobald Teilnehmer zögern oder, wie Hellinger glaubt, Widerstand zeigen, wendet er sich an die Gruppe und setzt diese als Druckmittel ein: »Es ist ein großer Irrtum zu meinen, daß Klienten ihre Probleme loswerden wollen. Oft wollen sie ihre Probleme nur bestätigt haben, und das war ein anschauliches Beispiel dafür.«

Ausschnitte wie diese sind kein Einzelfall, sie sind die Regel, nachzulesen beispielsweise in seinem Standardwerk »Ordnungen der Liebe«. Fragt sich bloß, warum sich scharenweise Menschen finden, die bereit sind, Hellinger mehr oder weniger kritiklos in seine rigide Welt zu folgen. Denn daß Hellingers Behandlungen katastrophale Folgen haben können, wurde durch Presseberichte der breiteren Öffentlichkeit spätestens nach dem Selbstmord einer Teilnehmerin bekannt, die sich gleichfalls Beschimpfungen und Beschuldigungen ausgesetzt sah.

Im Verlauf der damaligen Sitzung – wiederum vor Hunderten Zuschauern – hatte Hellinger dem getrennt lebenden Paar geraten, die gemeinsamen Kinder seien beim Mann besser aufgehoben. Der Mutter gab er auf den Weg »hier sitzt das kalte Herz« und »die Kinder sind bei der Frau nicht sicher«. Als wäre das vor einem Massenpublikum noch nicht genug, fügte Hellinger eine massive Suggestion hinzu: »Die Frau geht, die kann keiner mehr aufhalten. Das kann auch Sterben bedeuten.« Im nachhinein räumt Hellinger zwar in einem Interview ein, »ja, ich ging hart mit ihr um«. Damit erweckt er den Eindruck, es handele sich um einen Einzelfall, einen Ausrutscher seines therapeutischen Tuns. Der Umgang mit dem krebskranken Gruppenmitglied zeigt jedoch das Gegenteil. Es liegt der Schluß nahe, Hellinger werde nicht trotz, sondern wegen seiner rigiden Urteile und Welterklärungen aufgesucht. Und die gibt er zuhauf. Weitere Kostproben:

»Die Kinder müssen nach der Scheidung zu dem Elternteil, der in den Kindern den anderen Partner am meisten achtet. Das ist in der Regel der Mann. Wieso, weiß ich nicht, aber man kann es sehen.« »Rückenschmerzen haben, psychologisch gesehen, immer die gleiche Ursache, und sie werden ganz einfach geheilt: durch eine tiefe Verneigung.« »Das im Kopf (gemeint sind Kopfschmerzen, M. H.) könnte von angestauter Liebe sein, angestaut, weil eine frühere Hinbewegung unterbrochen wurde. Sie geht in der Regel zur Mutter.« »Die Neurose entsteht an dem Punkt, an dem eine Hinbewegung unterbrochen wurde, und neurotisches Verhalten ist nichts anderes als eine solche Kreisbewegung.« »Jemand wird süchtig, wenn ihm die Mutter gesagt hat: ›Was vom Vater kommt, taugt nichts. Nimm nur von mir.‹ Dann rächt sich das Kind an der Mutter und nimmt so viel von ihr, daß es ihm schadet. Die Sucht ist also die Rache des Kindes an seiner Mutter, weil sie verhindert, vom Vater zu nehmen. – Ist das reingegangen bei dir?«

Voll rein gehen auch diskriminierende Äußerungen über den Krankheitswert von Homosexualität: »Homosexuell wird einer unter anderem, wenn er ausgeschlossene Böse repräsentieren muß. Und das ist ganz typisch hier. Das ist ein schweres Schicksal, und du kannst da nicht eingreifen.« Bisweilen aber doch, besonders, da Hellinger Heterosexualität für besser oder gesünder hält. In einem Interview mit dem »Focus« brüstet sich Hellinger folgerichtig damit, daß ein

Homosexueller zwei Monate nach seiner Behandlung geheiratet und jetzt ein Kind habe.

Es sind die einfachen Antworten in einer komplexen Welt, die Hellingers Seelsorge so attraktiv machen. Wo aktuelle Psychotherapie begrenzte Lösungsansätze bietet, aber konsequent auf Antworten und Werturteile verzichtet, füllt Hellingers pantherapeutisches Tun das Vakuum. Setzen Psychotherapie und Psychiatrie auf die Eigenverantwortlichkeit des Patienten, seine Entscheidungen und den Respekt vor dem Patienten, weiß Hellinger die richtigen Lösungen. Bizarre Theorien über die Pathogenese komplexer Erkrankungen und rigide Ordnungen für alle Lebensfragen ersetzen die Notwendigkeit, sich selbst um individuelle Lösungen für das eigene Leben bemühen zu müssen. Die Verantwortung wird an den Guru delegiert, und der nimmt sie mit der Attitüde des Religionsstifters.

Die Sehnsucht nach der Orientierung, die durch starke Hand erfolgt und die nie ganz verständlich ist, wie die Aussagen der Eltern, als man noch klein war und auch nicht alles begriff, wirkt erlösend, wenn sich Wertepluralismus und Rollenkonfusion breitmachen. Das immer schlummernde Bedürfnis nach Anlehnung an Autorität – lange verpönt – bedient Hellinger, indem er das elterliche Gewissen exerziert. Seine Statements sind – psychoanalytisch gesprochen – Über-Ich-Interventionen: entlastend oder strafend, gutheißend oder verdammend – immer aber die eigene Verantwortung des Erwachsenen außer Kraft setzend.

Die Attraktivität der autoritären Hellinger-Heilslehre liegt in der Verheißung, nicht mehr selbst verantwortlich sein zu müssen und eigenes Denken an den Lehrer und Führer abgeben zu dürfen. Bei dieser Dynamik totalitärer Führerfiguren und der ihnen folgenden Massen wird das Gewissen des einzelnen an den bewunderten Führer delegiert. Aus diesem

Grund widersprechen Gruppenmitglieder nicht mehr, wenn Hellinger seine Patienten demütigt oder nötigt. Hellinger bestätigt die Aktualität von Sigmund Freuds Hinweisen auf die Psychologie der Masse, die dem Führer zujubelt und bedingungslos folgt.

Massenveranstaltungen, bei denen Gut und Böse ausgemacht, Teilnehmer beschämt und beschuldigt oder – nach gleichermaßen unverständlichen Regeln – plötzliche Entlastung und Wiederaufnahme finden, bedienen zudem voyeuristische Bedürfnisse. Wer miterleben darf, wie eine Frau wegen ihres bösen Herzens dem Tode anheimgegeben wird oder ein Krebskranker ob seiner Verstocktheit das eigene Schicksal besiegelt, wohnt mittelalterlichen Autodafés bei. Die Lust an der Hinrichtungsinszenierung oder der überraschenden Begnadigung kitzelt sadistische Empfindungen und befriedigt den Schlüssellochkick der Big-Brother-Soap-Show.

Doch was für den Patienten gilt, ist für den nach Hellinger arbeitenden Therapeuten nicht minder gültig. Um wieviel einfacher – entlastender – ist es doch, sich innerhalb weniger Stunden an einmal aufgestellten Ordnungen entlangzuhangeln, als über Monate, wenn nicht gar Jahre konstruktiver Auseinandersetzung mit den Patienten immer wieder an die eigenen und fremdem Grenzen zu stoßen. Sich im ausschließlichen Besitz der Wahrheit wähnend, können sich Therapeuten ihren eigenen Größenideen hingeben.

Was im ersten Moment erstaunt, wird beim zweiten Hinschauen verständlicher, wenn auch in erschreckender Weise: Es sind zahlreiche Angehörige psychosozialer Berufe, die bei Hellinger Auserwählung suchen. Wer nach Hellinger therapiert, ist fürderhin im scheinbaren Besitz von Gesetz und Wahrheit, erkoren, selbst nach unverständlichen und wissenschaftlich nicht nachvollziehbaren Kriterien zu verurteilen oder zu begnadigen. Die Verlockung der Allmacht stimuliert die Größenideen von Psychofuzzis, die sich über ihre Patienten herzumachen anschicken.

Wie bei allen unverständlichen und wissenschaftlich nicht nachvollziehbaren Heilslehren, verstehen die Jünger die Lehren ihres Meisters natürlich nicht. Und das ist der Grund, weshalb alle Äußerungen – und seien sie auch noch so banal oder abwegig – von den Aposteln festgehalten werden müssen. Das ist bei Hellinger nicht anders. Eine Schwemme von Schriften und Videos dokumentiert jeden auch noch so sprachlich wie inhaltlich abwegigen Auswurf des Meisters. Auf daß man nichts Wichtiges übersehe, weil man sich selbst nicht imstande sieht, zwischen Sinn und Unsinn irgendeinen Unterschied zu machen.

Besonders ansprechend ist der Wertekonservativismus von Hellingers religionsartigem Gebäude: »Die Frau folgt dem Mann«. In der globalisierten Welt des Wertepluralismus ist Hellinger besessen von der Suche nach vorgegebenen Ordnungen und der Verortung von Schuld und Sühne. Seine therapeutischen Interventionen, von denen er behauptet, sie basierten auf Wertfreiheit, geißeln das Böse und fordern beständig Sühne und Unterwerfung unter die Eltern oder jene, die angeblich höher gestellt sind. Alte Ordnungen beruhigen, wo neue Unübersichtlichkeit und die Zumutung, sich selbst um Lösungen bemühen zu müssen, verunsichern. Wer angeblich vorgegebene Ordnungen entdeckt und einsetzt, schickt seine Patienten in die Unmündigkeit. Und genau das macht die Attraktivität von Hellingers missionarischer Psychoreligion aus.

Philosophie und Theologie hat er studiert. Über Art und Inhalt seiner Abschlüsse gibt Hellinger trotz wiederholter Nachfragen keine Auskünfte. Einen Abschluß an einem anerkannten Ausbildungsinstitut für Psychoanalyse besitzt er nicht. Und das Ausbildungsinstitut, auf das er sich beruft und das ihm 1981 eine Äquivalenzbescheinigung für Kurse in Österreich ausgestellt hat, legte ihm jüngst den Austritt nahe. Um einem Ausschlußverfahren zu entgehen, kam Hellinger dieser Empfehlung nach. Daß er keine Approbation zur Ausübung von Psychotherapie besitzt, macht die Dinge auch nicht viel besser.

So ist Hellinger geblieben, was er immer war – ein Missionar. Und er arbeitet mit den Mitteln, die so viele Eiferer dereinst benutzten: Einschüchterung, Heilsverkündung und Offenbarung. Jenen anderen Missionare aber, die sich nicht inquisitorisch über ihre Schützlinge hermachten, blieb das heilige Staunen vor der Vielfältigkeit anderer Welten und der Respekt vor jenen, deren Schicksal sie sich annahmen.

Nicht Lust an der Qual, sondern ein leidenschaftliches Über-Ich ist für Selbstaufopferung verantwortlich

Unterwerfung unter strenge Normen entlastet von unerträglichen Selbstvorwürfen

Die Psychotherapie scheitert. Immer wenn es Hanne Z. gerade besser zu gehen scheint, findet sie zahlreiche Gründe für ihre Wertlosigkeit und eigenes Versagen. Schließlich stellt ihre Therapeutin in einer Supervision wütend fest, daß sie – ähnlich wie die Patientin – vorwurfsvoll reagiert und Hanne Z. insgeheim das Versagen der Therapie übelnimmt.

Der Masochismus, mit der die Patientin auch die letzten entspannenden Momente aus ihrem Leben verbannt, sich als Alleinerziehende für ihre beiden Kinder aufopfert und keinerlei eigene Bereiche mehr besitzt, treibt derweil die Therapeutin zur Verzweiflung. Alle Fragen und Hinweise, sich doch auch um genußvolle Zeiten zu kümmern, weist die Patientin fast triumphierend zurück – nicht selten mit einem Lächeln auf dem Gesicht. Kann das quälende Element im Leben der Hanne Z. wirklich lustvoll sein oder gar Ausdruck des sogenannten Todestriebes, wie manche Psychoanalytiker früher glaubten?

Doch ohne Annahme eines obskuren Todestriebes, der ohnehin keine Handlungskompetenz für Therapeut wie Patient bietet, kommt man wesentlich weiter. Der Psychoanalytiker Léon Wurmser macht immer wieder auf die enorme Destruktivität sogenannter Über-Ich-Konflikte aufmerksam, an der viele Behandlungen scheitern. Rigide Ge- und Verbote des Gewissens als innere unerbittliche Instanz verhindern dabei jede maßgebliche Verbesserung des eigenen Lebens und damit auch einen Erfolg der Behandlung. Aus diesem Grund verschlechtern sich Patienten mit einem besonders strengen Gewissen besonders dann, wenn die Therapie Erfolge zu zeigen beginnt und es dem Patienten besser geht. Vor dem inneren Richter des Gewissens hat der Patient kein Recht auf ein auch angenehmes, lustvolles und erfülltes Leben. Eine Existenzberechtigung empfindet der Patient nur dann, wenn er sich ständig abmüht und damit dem Verbot gegen ein leichtes Leben ebenso entspricht wie der Forderung, vor der Freude sei stets Arbeit und Mühsal zu durchleben. Mithin kommt der Betreffende natürlich nie zu Inseln des Glücks, da immer Arbeit und Aufgaben warten, die noch zu erfüllen sind.

Es ist also keineswegs die Lust an der Qual, die Menschen mit strenger Gewissensinstanz dazu antreibt, sich abzumühen, sondern die Angst vor der inneren Verurteilung, die nur dann etwas nachläßt, wenn den Forderungen des Gewissens nachgekommen wird. Das Selbstwertgefühl steht und fällt daher mit dem Ausmaß an Qual. Mit verrückter Logik könnte der Patient von sich sagen: »Mir geht es vergleichsweise gut, wenn es mir schlecht geht und ich mich quäle, weil ich damit Entlastung vor innerer Verurteilung finde. Umgekehrt geht es mir besonders schlecht, wenn es mir gutzugehen droht, weil dies vernichtende Anklagen des inneren Richters zur Folge hat.«

Aus diesem Dilemma hätte die Therapeutin mit ihrer Patientin allenfalls aussteigen können, wenn sie den inneren Konflikt zwischen Gewissen und Ich verdeutlicht hätte. Denn natürlich wünscht sich jeder Patient (auch), aus dem masochistischen Dilemma herauszukommen, fürchtet jedoch gleichzeitig, dann völlig hilflos den vernichtenden Anklagen ausgesetzt zu sein. Statt also (wie es leider häufig geschieht) dem Patienten zu sagen, er sei sehr streng mit sich, was augenblicklich wie eine weitere Anklage – diesmal sogar von der Autoritätsinstanz des Psychotherapeuten – aufgenommen wird, empfiehlt es sich, einen inneren Konflikt zwischen vernünftigen Bestrebungen des Patienten und sadistischer Verfolgung durch das Gewissen anzusprechen: »Es gibt etwas in Ihnen, das sie mit unerbittlicher Strenge verurteilt und verfolgt. Vor dieser Instanz ist alles, was sie tun und leisten, doch nie genug.« Was wie die Lust an der Unlust erscheinen mag, ist also in Wirklichkeit der bestmögliche Kompromiß, den Menschen mit strengem Über-Ich zwischen Lustbestrebungen und dem Wunsch nach Glück einerseits und der Verurteilung dieser Wünsche andererseits herstellen können.

Nicht wenige Menschen in helfenden und sozialen Berufen leiden an diesem Helfersyndrom, wie der Münchener Psychoanalytiker Wolfgang Schmidbauer feststellt. Denn besonders durch aufopferndes Helfen läßt sich die innere Strenge einigermaßen beruhigen und ein Kompromiß zwischen Berufserfolgswünschen und Über-Ich finden. Natürlich ergibt sich eine heimliche Konkurrenz der Märtyrer: Als der wertvollste Mensch erscheint in einem solchen System, wer am meisten arbeitet, leistet und leidet und sich zugleich für nichts zu schade ist.

Auf der Strecke bleiben die genußvollen Momente der Entspannung, was Neid auf jene nach sich zieht, die »es sich leicht machen«. Weshalb gerade in christlichen Kreisen die Selbstkasteiung mit der Verdammung der Lust eine im besten Sinn des Wortes unheilige Allianz eingegangen ist. Die kritiklose Idealisierung der christlichen Märtyrer, die einen qualvollen Tod erlitten und gerade deshalb allen anderen an

Wert überlegen sind und deshalb sofortige Aufnahme ins Paradies finden, ist das kulturelle Pendant zur persönlichen Pathologie schwerer Über-Ich-Konflikte.

Die ambivalente Liebe zwischen Deutschen und Italienern nährt sich aus dieser Quelle: Bewundern die Deutschen an den Italienern die in sie hineinprojizierte Lebenslust und den Schlendrian, den man sich selbst nie erlauben dürfte, erscheint umgekehrt Italienern die Ordnung und Zielstrebigkeit der Deutschen ideal – solange man sie nicht selbst leben muß. Kein Wunder, daß in vielen europäischen Ländern ob des CDU-Spendenskandals freudige Erleichterung aufkam: Endlich hatten die Deutschen auch ihre Schmiergeldaffäre.

Wenn innere Strenge auf den ersten Blick als Ausdruck einer pathologischen Persönlichkeitsstruktur erscheint, erfüllt sie auch den innerpsychischen Zweck der Stabilisierung. Nicht nur, daß zahlreiche Menschen mittels ihrer Strenge große berufliche Leistungen erzielen und der persönliche Karriereerfolg unmittelbarer Gewinn der Über-Ich-Pathologie ist. Innere Strenge vermittelt darüber hinaus haltgebende Struktur, die stets Ordnung und Ziele vorgibt. Erst wenn die Forderungen des Über-Ich in ihrer Maßlosigkeit völlig entgleisen oder ihnen wegen Krankheit, Arbeitsverlust oder Alter nicht mehr wie gewohnt nachgekommen werden kann, treten massive Symptome wie Depression, Suizidalität oder Gefühle von Wertlosigkeit und innerer Leere auf.

Ehemals erfüllten die strengen Über-Ich-Strukturen jedoch einen wichtigen Zweck: Besonders wenn die eigenen Eltern oder das Erziehungssystem durch große Strenge gekennzeichnet waren, hatte der Aufbau innerer Härte eine wichtige Schutzfunktion. Denn wo anderenfalls äußere Verurteilung und Strafe zu erwarten wären, nimmt die innere Strenge durch Selbstverurteilung diese befürchtete äußere Ablehnung vorweg und hilft, sie künftig zu vermeiden.

Eine andere häufige Geburtsstunde innerer Strenge ist äußere Verwahrlosung durch die primären Bezugspersonen. Wo äußere Strukturen fehlen oder chaotische familiäre Bedingungen herrschen, hilft der Aufbau einer inneren strengen Struktur, sich aus den verelendeten Verhältnissen zu lösen und das eigene Leben anders und erfolgreicher zu gestalten. Trotz äußerst widriger Kindheitsbedingungen gelingt es manchen Betroffenen, einen ganz anderen Lebensweg einzuschlagen als die Eltern und soziale Misere und persönliche Unordnung hinter sich zu lassen. Doch dies geht – mangels äußerer fördernder Strukturen – nur durch die Etablierung einer antreibenden Gewissensinstanz, die um so härter fordert, je weniger die äußeren Umstände fördern.

In all diesen Fällen ist es wie mit einer Hypothek, die man dereinst aufnahm, um eine schwierige Situation zu meistern. Was früher hilfreich und sinnvoll war, wird später buchstäblich zur Belastung. Die Prothese, die sich die Kinder und Jugendlichen zulegten, um den Mangel an milder und freundlicher Förderung zu kompensieren, oder den eisernen Panzer, um die verbalen Attacken oder tätlichen Angriffe und Herabsetzungen der Eltern nicht mehr zu spüren, wird zum Gefängnis der Erwachsenen. Der Abbau der vormals sinnvollen und hilfreichen inneren Strenge entscheidet darüber, ob in der Gegenwart mehr an Lebensfreude und Lust erlebt werden dürfen – heute freilich ohne die alten Vorwürfe oder das Chaos, dem man dereinst erfolgreich entkam.

Die freundliche Milde des Therapeuten – statt seiner wachsenden Wut über die Rückfälle – ist dabei ebenso entscheidend wie die beharrliche Konfrontation mit der inneren Strenge. Und – wie bei Hanne Z. und ihrer Therapeutin – eventuell auch der klare Hinweis, daß das Lächeln auf dem Gesicht der Patientin doch fatal an jenes erinnere, das die Eltern zeigten, wenn sie ihre Tochter demütigend kritisierten oder verspotteten: »Jetzt kann ich Sie viel besser verstehen, wie Sie sich damals gefühlt haben müssen, wenn Ihre Eltern Ihnen lächelnd Ihre Ohnmacht vorführten und Sie hilflos und wütend waren.«

Selbstliebe und die Achtung
von Werten und Idealen

Gewissen und Ich-Ideal bestimmen maßgeblich
die Liebe zum Selbst und zu den Mitmenschen

»Werteverfall« lautet allenthalben die schnelle Diagnose,
wenn es um die Ideale der postmodernen Gesellschaft geht.
Mangel an Gewissen und Orientierungslosigkeit sollen demnach für so unterschiedliche gesellschaftliche Phänomene
wie Politikverdruß, Jugendkriminalität, rechte Gewalt oder
grenzenlose Selbstbezogenheit verantwortlich zeichnen.

Das Gewissen – Psychoanalytiker sprechen vom Über-Ich
– ist die Instanz der Persönlichkeit, die mittels Werten und
Idealen Verhalten und Erleben der Persönlichkeit mit steuert.
Doch nicht nur was richtig und falsch, gut oder böse ist, diktiert das Über-Ich, sondern auch, wonach eine Person in ihrem Leben strebt, was sie verehrt und bewundert. Die Wert-
schätzung der eigenen Person – meist als Selbstliebe verpönt
– nährt sich aus der relativen Übereinstimmung zwischen
idealen Vorstellungen vom Selbst und der Realität: Je mehr
sich jemand im Einklang mit seinem sogenannten Ich-Ideal
fühlt, desto wertvoller erlebt er sich. Und je größer die Dis-
krepanz zwischen Ist und Soll, desto weniger zufrieden ist
man mit sich und seinem Leben.

Tatsächlich bezieht sich Liebe also nicht bloß auf andere,
nahestehende Personen, sondern auch auf Ideale, denen eine
Person nachstrebt. Ideale haben eine wichtige steuernde

Funktion für das Selbsterleben: Stolz entsteht, wenn man eigenen Idealen und Wertvorstellungen weitgehend entspricht. Umgekehrt machen sich Selbstzweifel, Scham und Schuldgefühle bemerkbar, wenn ideale Vorstellung vom Selbst und der erlebten Realität allzu sehr auseinanderklaffen. Ein Individuum, das über keinerlei Ideale verfügt, die über das Erreichen rein materieller Ziele hinausgehen, fühlt sich leer und tot. Demgegenüber gibt das Ich-Ideal Ziele und Utopien vor, nach denen zu streben es sich lohnt und die dem eigenen Leben Sinn geben.

Angeblich bezieht sich die Liebe im von dem US-Amerikaner Christopher Lasch so bezeichneten »Zeitalter des Narzißmus« zuvörderst auf die eigene Person. Verbindende Werte und Ideale, die das Persönliche übersteigen, scheinen demnach nicht mehr zu existieren.

Das mag für manche traditionelle Vorstellungen durchaus zutreffen – je nach Stichprobe allerdings, die man befragt. Denn besonders Jugendliche und junge Erwachsene bekennen sich nach der jüngsten Shell-Jugendstudie zu längst verloren geglaubten Werten wie Liebe, Treue, Ehe und gemeinsamen Kindern – möglichst bei beruflicher Eigenständigkeit beider Eheleute.

Zwar steigen Zustimmungen zu Spaß- und Wellness-Lebensformen seit einigen Jahren an, während gleichzeitig die Bereitschaft sinkt, für eine erhaltenswerte Umwelt auch persönliche Einbußen oder Verhaltensänderungen in Kauf zu nehmen, so die Ergebnisse der zweijährlichen Befragungen des Umweltbundesamts. Doch deshalb gleich von einer Gesellschaft ohne Werte zu sprechen, ist sicher verfehlt. Denn Werte wie Autonomie und Menschlichkeit sind für Jugendliche keine Gegensätze, sondern durchaus miteinander verknüpft. Visionen der Zukunft werden allerdings häufig in überschaubarem Rahmen angegangen.

Klagen über den sogenannten Werteverfall und Gewissenlosigkeit häufen sich besonders im Zusammenhang mit Gewalttaten von Jugendlichen oder Rechtsextremen. Dabei wird jedoch übersehen, daß fremdenfeindliche Taten nicht etwa gegen oder ohne das Gewissen erfolgen, sondern im Einklang mit dem Über-Ich. Rechte Gewalttäter beklagen nach einer Untersuchung des Münchener Psychoanalytikers Günter Lempa Ungerechtigkeiten, von denen sie meinen, Politik und Gesellschaft seien zu schwach, um sie abzustellen. Sie erleben sich dann als verlängerter starker Arm von Staat und Politik. Mithin ist die ausgeübte Gewalt Ausdruck eines subjektiven Gerechtigkeitsempfindens, das verletzt wurde.

Nicht Mangel an Werten – wie von konservativer Seite gern behauptet –, sondern das Bestehen auf ihrer Gültigkeit bei gleichzeitigem Gefühl von Ungerechtigkeit führen zu Auswüchsen wie Ressentiments oder Gewalt.

Das Gewissen kann jedoch auch zum unerbittlichen Verfolger werden, wenn die eigenen Werturteile sehr rigide sind und jede Abweichung von den Idealvorstellungen vom Selbst Scham und Schuld, vom Ideal der Welt jedoch Ohnmacht und Wut auslöst. Glaube und Hoffnung auf bessere Welten wollen angesichts alltäglicher Enttäuschungen ertragen werden.

Zynismus wehrt solche Enttäuschungen bereits im Vorfeld ab, weil jeglicher Glauben an Ideale und Werte die Angst vor Kränkungen auf den Plan ruft. Der weitgehende Verzicht auf politische Utopien durch die etablierten Parteien und die Verächtlichmachung von Zukunftsentwürfen – wie beispielsweise immer wieder von Gerhard Schröder praktiziert – ist viel mehr Ausdruck von Werteverlust als das Bestehen rechter Gewalttäter auf ihren verquasten Gerechtigkeitsvorstellungen. Zynisches Belächeln angeblich unrealistischer Poli tikkonzepte ist direkter Ausdruck des Verlusts von Idealen und mithin für den beklagten Politikverdruß unmittelbar verantwortlich.

Negiert Zynismus angestrengt die Bedeutung von Werten, setzt sie Fanatismus absolut: Zyniker sind die Fanatiker angestrengter Wertenegation und des Kampfes gegen das eigene Gewissen. Fanatiker sind die Zyniker der Relativität und des Humanismus.

Ideale nehmen dann einen sehr aggressiven Charakter an, wenn Verstöße gegen sie nicht geduldet werden. Fanatismus setzt Werte und Ideale absolut über alle Relativierungen und Kompromisse. Die Unfähigkeit, Abstriche von der angestrebten Idealität zu ertragen, Kompromisse einzugehen und menschliche Begrenztheit zu akzeptieren, kennzeichnet alle Fanatiker.

So träumte der nationalsozialistische Medizinfunktionär Arthur Gütt von einer idealen Welt ohne Geisteskrankheit: »und es müßte herrlich sein, in einer solchen Welt zu leben, in der dann sicherlich auch alles andere vollkommen wäre« – weshalb die Nazis konsequenterweise das Euthansieprogramm einsetzten, um jegliches Leid zu vernichten, das letztlich die Zuschauenden verletzt. Die Auseinandersetzung mit dem Ich-Ideal erfordert, die Spannung zwischen erträumten Utopien und unbefriedigender Realität zu ertragen. Der gänzliche Verzicht auf Zukunftsentwürfe wehrt dabei ebenso Ohnmachts- und Endlichkeitsgefühle ab wie das fanatische Festhalten an Idealen.

Der in Zürich lebende Psychoanalytiker Arno Gruen macht noch auf einen ganz anderen Mechanismus aufmerksam. Gruen glaubt, daß Menschen Ideale unterdrücken, um sich vor unerträglicher Scham zu schützen: »Sie verwerfen ihre eigene Sicht, ihre Empathie, ihre Empfindungen, weil man ihnen beigebracht hat, daß diese verachtenswert, idiotisch, minderwertig ist. ... So wird unsere Menschlichkeit zum Feind, der unsere Existenz bedroht und der überall – in uns selbst wie auch in anderen – bekämpft und vernichtet werden muß.« Das einzig verbleibende Ideal ist das des Zynikers: Daß man keine haben darf.

Haben die Ideale eines Individuums jedoch ein Maß, dienen sie nicht nur als Orientierung, sondern auch als Quelle von Befriedigung und Ressource. Kunst, Musik oder die Freude an ästhetischen Dingen bieten Rückzugsmöglichkeiten, die über den grauen Alltag mit seinen Enttäuschungen hinweghelfen und neue Ressourcen aufbauen helfen. In diesem Fall ist der Rückzug von begrenzter Dauer und dient lediglich dem Auftanken mit neuen Kräften, um sich weiterhin den Lebensaufgaben zu stellen. Auch hier ist das Gerede vom Werteverfall abwegig, weil gänzlich selbstbezogen: Nicht jeder muß sich bei Schuberts Impromptus sammeln, und wer dies bei Techno-Klängen tut, zeigt lediglich, daß seine Ideale andere Formen angenommen haben als die seiner Altvorderen.

Ästhetische oder künstlerische Beschäftigungen können jedoch auch der Flucht aus anstehenden Konflikten und Aufgaben dienen, wenn die Welt der Ideale als letztlich besserer und reinerer Ort aufgesucht wird, der der Realität überlegen ist. Die Unfähigkeit, Spannungen, Ambivalenzen und Unvollkommenheiten zu ertragen, korrespondiert mit der Flucht in heile und ideale Welten.

Zum Beispiel können intensive Beschäftigung mit High-End-Musikanlagen und der immer weiteren Verfeinerung der heimischen Klangwelt durchaus Fetischcharakter annehmen. Manfred A. (Name geändert) zieht sich nach seinem teils auch persönlich belastenden Arbeitstag in die Beschäftigung mit Verbindungskabeln zwischen CD-Player, Endstufe und Boxen zurück. Immer neue Varianten der Verkabelung scheinen ihm immer feineren Musikgenuß zu garantieren. Gleichzeitig schützt sich Manfred A. vor den Ansprüchen und Wünschen seiner Frau, die mit der fetischisierten Musikanlage und den Gesprächen mit gleichgesinnten High-End-Liebhabern nichts anzufangen weiß.

Die zunächst stabilisierende Funktion der Beschäftigung mit einem idealisierten Fetisch führt im weiteren Verlauf zunehmend zu Rückzug vor intensiven emotionalen Begegnungen und damit am Ende doch zu einer Labilisierung des Gleichgewichts zwischen Arbeit und sozialen Beziehungen. Andererseits findet Manfred A. Kontakte zu Gleichgesinnten. Diese Beziehungen bleiben jedoch wegen des sehr eingegrenzten gemeinsamen Interesses oberflächlich und damit wenig bedrohlich.

»Der Politiker steht im Leben, unbekannt wo. Der Ästhet flieht aus dem Leben, unbekannt wohin«, spöttelte der Wiener Aphoristiker Karl Kraus. Unterliegen Ideale einer Relativierung und Kompromißfähigkeit, oder werden sie bei Abweichung zum unerbittlichen Schwert gegen sich selbst und andere? Flieht jemand vor seinen Idealen in Zynismus oder dienen ästhetische Werte dem Rückzug aus der Realität? Weder An- noch Abwesenheit von Idealen und Werten ist entscheidend, sondern der Umgang mit ihnen und die Funktion, der sie dienen.

Heimatliebe und Nationalstolz

Die Völker der Europäischen Union benötigen
verbindende Symbole, auf die sie stolz sein können

Wenn Franzosen stolz ihre *Grande Nation* und Portugiesen
ihre *Nelkenrevolution* feiern oder Niederländer fröhlich und
ein wenig naiv den *Koniginnendag* begehen, zwängen sich
ihre deutschen Nachbarn in schwarze Anzüge und ärgern
sich. Unbefangener Stolz oder Freude über die eigene Vergangenheit will nicht aufkommen, allenfalls lärmendes Ge-
schrei einiger Neonazis. Dürfen, können oder müssen wir
stolz sein, Deutsche zu sein?

An der Widersprüchlichkeit und den dunklen Flecken der
eigenen Vergangenheit kann die Zerrissenheit jedenfalls nicht
liegen, blicken doch Franzosen auf die Greuel des Algerien-
kriegs, Niederländer auf die Folgen ihrer Kolonialgeschichte
mit der Lüge an den Molukkern, beide auf die Kollaboration
mit den Nazis und Portugiesen auf eine endlose Zeit der Ausübung von Diktatur, Unterdrückung und Kolonialismus zurück.

Stolz entsteht, wenn die Idealvorstellung von der eigenen
Person, der Gruppe oder dem Kollektiv und der tatsächliche
Zustand stark übereinstimmen. Klaffen Ist und Soll weit
auseinander, schämt man sich seiner Person oder der Zugehörigkeit zu einer Gruppe. Keineswegs ist daher Stolz mit
eigenen Leistungen notwendig verknüpft, wie in der Nationalstolzdebatte häufig behauptet wird.

Die Landsleute der gerade siegreichen Nationalmannschaft schwenken stolz ihre Fahnen und feiern ihre Idole. Das Zutun zum Erfolg beschränkt sich bestenfalls aufs Anspornen im Stadion. Eltern sind auf ihre Kinder stolz, der Empfangschef des mediterranen Hotels auf Wein, Essen und Landschaft – ohne selbst Hand angelegt zu haben. Die meisten Niederländer sind mehr oder weniger stolz auf ihre nationalen Käseprodukte, ohne selbst maßgeblich an der Produktion von Gouda oder Leerdamer beteiligt zu sein. Und solange die deutsche Nationalmannschaft gewinnt, sind sich Rechte wie Linke, Konservative wie Liberale in ihrer Begeisterung und ihrem Stolz einig, den niemand hinterfragt.

Stolz und die Liebe des Eigenen haben eine identitätsstiftende, haltgebende Funktion für Gruppe wie Individuum. Persönliche Identität besteht aus

– einem dauerhaften Gefühl, immer derselbe zu sein,
– einem realistischen Körperbild,
– Klarheit über das eigene Geschlecht,
– innerer Stabilität und
– zeitlicher Kontinuität hinsichtlich der eigenen Vergangenheit, Gegenwart und Zukunft.

Ist die persönliche Entwicklung in dieser Hinsicht erfolgreich verlaufen, verfügt eine Person über angemessene Gefühle von Stolz und Scham über das Selbst und eine maßvolle Selbstliebe.

Menschen gehören unterschiedlichen sogenannten Großgruppen an, zum Beispiel der Gewerkschaft oder einer wohltätigen Organisation, einem Verein oder den Ostfriesen. Ähnlich der persönlichen Identität besteht die Identität einer Großgruppe aus

– gemeinsamen Vorstellungen darüber, wer oder was man ist und was nicht,

- innerer Stabilität der Großgruppe mit als gerecht empfundener Integration ihrer Untergruppen,
- realistischen Vorstellungen über die eigene Größe und Territorialität und die Rolle im Zusammenspiel mit anderen Großgruppen, zum Beispiel anderen Staaten.
- Vergleichbar der persönlichen Identität ist wesentliches Element der Großgruppenidentität das Gefühl zeitlicher Kontinuität: Im gelungenen Fall geht es um die Integration nationaler Vergangenheit in die Gegenwart und Entwürfe für die Zukunft.

Man kann sich durchaus zu verschiedenen, überlappenden Großgruppen zugehörig fühlen: Der Kölsche Jong fühlt sich als Rheinländer, identifiziert sich mit seinem Bundesland Nordrhein-Westfalen, ist stolz auf deutsche Wertarbeit und sein Kölsch. Die geliebte Biersorte und das Lokalkolorit unterscheidet ihn erkennbar von seinem Düsseldorfer Nachbarn, doch mögen beide wiederum begeisterte Rheinländer und Karnevalisten sein. Und solange sie sich mit ihrer alten Rivalität necken und auf die Vorzüge ihrer jeweiligen Brauereiprodukte lachend verweisen, hat ihr Stolz nichts Aggressives oder Entwertendes.

Eine gelungene Migration bedeutet für den Betreffenden sogar die Zugehörigkeit zu zwei möglicherweise sehr verschiedenen Kulturkreisen, was neben der anfänglichen Krise eine enorme Bereicherung sein kann.

Die doppelte Großgruppenzugehörigkeit zum Beispiel zu einem europäischen und einem Land des Nahen Ostens wird allerdings durch die Verweigerung der doppelten Staatsangehörigkeit erschwert. Und zwar gerade von jenen Konservativen, die den Stolz im eigenen Land vermissen. Dabei klammern sie ausgerechnet solche Menschen aus, die womöglich ganz unbefangen stolz sind, auch deutsch zu sein, und ihren deutschen Mitbürgern in dieser Hinsicht behilflich sein könnten.

Der aus der Türkei stammende US-amerikanische Psychoanalytiker Vamık Volkan erläutert den Unterschied zwischen persönlicher und Großgruppenidentität: »Stellen Sie sich vor, man würde von Kindheit an lernen, zwei Lagen Kleider zu tragen. Die erste Lage, die zu dem Individuum gehört, das sie trägt, sitzt paßgenau. Sie ist die persönliche Kernidentität, die dem Individuum das Gefühl von einem dauernden inneren Gleichsein gibt. Die zweite Lage, die eigene Großgruppenidentität, ist ein lose sitzender, weiter Überzug, der es dem einzelnen ermöglicht, unter demselben Großgruppenzelt ein fortwährendes Gefühl des Gleichseins mit anderen zu teilen.«

Die überraschende Eintracht von Linken wie Rechten angesichts ihrer Nationalmannschaft erklärt sich durch dieses gemeinsame Zugehörigkeitsgefühl. Es entsteht, ähnlich wie die persönliche Identität, durch Zuschreibungen und Identifikationen mit dem, was als typisch für die eigene Großgruppe gilt und an ihr geliebt wird. So werden Rheinländer ohne große Selbstzweifel bei jeder Gelegenheit auf ihre rheinische Fröhlichkeit und Kontaktfreudigkeit verweisen. Unterstützt werden solche Identifikationen bei Kindern durch lokale Gebräuche, Architektur, Kleidung und Spielsachen, die als charakteristisch angesehen werden. »Mir san mir«, Lederhosen oder Cowboyhut, rheinischer Karneval, Nationalspeisen wie das Truthahnessen beim amerikanischen Thanksgiving Day und lokale Architektur stiften ein Gefühl lokaler, regionaler oder nationaler Identität. Um sich nicht bloß in der eigenen Haut heimisch zu fühlen, sondern sich sicher im sozialen Umfeld bewegen zu können, ist ein Zugehörigkeitsgefühl zur Großgruppenidentität vonnöten.

Nicht ob, sondern wie wir stolz sind, worauf und mit welcher Funktion, ist entscheidend. Nicht nur das Individuum braucht Stolz zur Regulation seines Selbstwertgefühls und für die Liebe zu sich selbst, sondern auch eine Großgruppe, um nicht auseinanderzufallen und um gemeinsame Anstrengungen unternehmen zu können.

Von größter Bedeutung ist allerdings die Aggressivität, mit der die Großgruppenidentität hergestellt oder stabilisiert wird. Die Stimulation nationalen Stolzes gegen einen Außenfeind kann außerordentliche Kräfte mobilisieren – in konstruktiver wie verheerender Hinsicht. Während Hitlers nationalsozialistischer Propaganda-Apparat mit antisemitischen, ethnozentrischen und fremdenfeindlichen Haßtiraden Krieg und Holocaust vorbereitete, wählte Churchill nach seiner Wahl zum Premierminister angesichts des hereinbrechenden Zweiten Weltkriegs ganz andere Worte: »I have nothing to offer but blood, sweat and tears«. Nichts als Blut, Schweiß und Tränen habe er zu bieten, was ohne mörderische Entwertungen anderer Nationen dennoch Stolz und nationale Leistung der Briten zu stimulieren imstande war.

Letztlich entscheidend bei der Frage nach der Liebe zum eigenen Land und dem Nationalgefühl ist, ob sich der Stolz vornehmlich auf eigenen Inhalten gründet oder ob er sich gegen andere richtet. Hier verläuft die scharfe Trennungslinie zwischen positiver Identität auf der einen Seite und Ressentiment und Fremdenhaß auf der anderen. Werden negative Anteile eigener Identität integriert oder aggressiv auf Außenfeinde projiziert?

Neonazis tragen den überkompensatorischen Nationalstolz als Abwehr eigener Unterlegenheitsgefühle vor sich her. Die ressentimentgeladene Deutschtümelei verortet das Schlechte bei anderen und bekämpft es dort. Die eigene vermeintliche Größe entsteht durch die aggressive Entwertung des anderen. Der Psychoanalytiker Arno Gruen bringt den Vorgang der Vernichtung des Eigenen treffend auf den Punkt: »Es sind die Gemeinsamkeiten, die Menschen dazu bringen, einander zu bekämpfen, nicht die Unterschiede.«

Demgegenüber tritt einem das schwarzafrikanische Mitglied der sambischen Tongas würdevoll entgegen, stolz auf sich und seine dörfliche Gemeinschaft, und mit Respekt vor dem Besucher. Das erkennbare Staunen über den so deutlich anderen ist dabei gepaart mit der Freude über die neue Erfahrung und die Ehre, den Gast empfangen zu dürfen. Weil Sicherheit und maßvoller Stolz auf das Eigene bestehen, wird das Fremde begrüßt und wertgeschätzt.

Gelungene Großgruppenidentität integriert nationale Traumata der eigenen Vergangenheit sowohl als Täter wie als Opfer. Geht es um diese Integration von Stolz auf die Französische Revolution und Scham über Vichy-Regime und Algerienkrieg, unterscheiden sich Deutsche wenig von ihren französischen Nachbarn, doch ist die Integrationsleistung angesichts eines unvergleichbaren Tätertraumas wie des Holocausts ungleich größer.

»Ich habe sehr gute deutsche Freunde«, sagt der in Deutschland lebende chilenische Musiker und Dichter Pablo Ardouin. »Die schlagen ob des neu erwachten Stolzes beschämt die Hände vors Gesicht. Gerade aber sie müßten sich am wenigsten schämen. Ich bin nicht ohne Grund stolz, sie zu kennen. Sie sind meine Stütze bei der Verwirklichung eines nicht immer ganz leichten Unterfangens: als Ausländer in Deutschland zu leben und dabei auch öfter das Gefühl zu haben, willkommen zu sein, sogar gemocht zu werden.«

Die Flucht vor der Scham über deutsche Vergangenheit in den Stolz über das nierentischbewehrte Wirtschaftswunder ließ jedoch eine Leerstelle entstehen, die die Nationalstolzdebatte berührt: Wie können Deutsche ihre Heimatliebe und

Verbundenheit anders als durch lärmende Neonaziparolen äußern?

Angesichts der Auflösung traditioneller nationaler Verbünde durch Globalisierung oder europäische Vereinigung wachsen auch international Verunsicherungen mit der Tendenz, Sicherheit in der Betonung nationaler oder regionaler Eigenheiten zu suchen und das beängstigende Fremde zu verteufeln. Für eine gelungene europäische Union wären daher neue Identifikationsangebote zu suchen, die der in allen europäischen Ländern wachsenden Tendenz zu Nationalismus und Fremdenfeindlichkeit entgegentritt. Sträflich vernachlässigt wurde bisher die Notwendigkeit eines Entwurfs der Großgruppenidentität »vereinigtes Europa«, mit dem sich die Mitglieder identifizieren können: Wer sind wir, nicht nur als Bayern oder Südtiroler, Bretonen oder Zeeländer, sondern als Europäer?

Verheerend wirkt die weitgehende Negatividentität der Europäischen Union als Verwaltungsmoloch und Geldverschwendungsmaschine mit unzureichenden direkten demokratischen Kontrollen. Die Preisgabe nationaler Währungen mit ihrer hohen Bedeutung für die beteiligten Landsleute stimulierte eine emotionalisierte Debatte, die nicht nur von wirtschaftlich-politischen, sondern auch von nationalen Motiven geprägt war.

Für die Integration von Minderheiten in die Großgruppenidentität wie auch die Integration der neu zu bildenden Großgruppe Europäische Union wird es entscheidend sein, ob identitätsstiftende, verbindende Symbole über alle Unterschiede hinweg das Eigene mit Grenzen ausstatten können, die von den Mitgliedern als schützend erlebt werden, ohne dabei aggressiv nach außen zu wirken.

Nachwort nach der Liebe

Eine Theorie sei nur dann wissenschaftlich, so der Wissen-
schaftsphilosoph Karl Popper, wenn sie grundsätzlich auch zu
widerlegen sei. Popper, im übrigen einer der schärfsten Kriti-
ker der Psychoanalyse, forderte, daß eine wissenschaftliche
Theorie so aufgebaut sein müsse, daß ihre Widerlegung wenigstens grundsätzlich möglich sei, weshalb Religionen oder
Ideologien niemals wissenschaftlich sein könnten. Zirkuläre
Ideengebäude, die dem Zweifler vorwerfen, die Theorie nicht
verstanden zu haben, oder Widerspruch gar als Bestätigung
der Richtigkeit ansehen, traf die scharfe Kritik Poppers.

Was Popper für wissenschaftliche Theorien forderte, gilt
auch für menschliches Denken schlechthin und für die Frage
nach seelischer Gesundheit: Ein Mensch, der sich überall von
Wanzen abgehört glaubt und verfolgt sieht, wird jeden, der
ihm widerspricht, rasch einem feindlichen Geheimdienst zu-
ordnen und darin eine Bestätigung seiner Verfolgungsideen
sehen. Rigidität und Starre des Denkens und Erlebens und die
Unfähigkeit, neue und alternative Erfahrungen zu machen,
kennzeichnen seelische Erkrankungen. Die Hölle der psychischen Krankheit besteht darin, daß immer wieder die gleichen
Erfahrungen gemacht werden: »Wiederholungszwang« nann-
ten dies die ersten Psychoanalytiker mit Freud.

Tatsächlich wird in Dantes »Göttlicher Komödie« die Hölle als ein Ort dargestellt, in dem in endlosen Wiederholungen immer wieder das gleiche geschieht und durch die Sünder erlitten wird. Die für Dante Alighieri schlimmste vorstellbare Strafe bestand darin, auf ewig das gleiche zu erleben.

Demgegenüber besteht seelische Gesundheit darin, aus Erfahrungen zu lernen, Neues und Anderes auszuprobieren und die Sicht von sich selbst, der Welt und den anderen stets auf neue zu korrigieren. Die Fähigkeit, selbstgebastelte Theorien immer wieder zugunsten neuer über den Haufen zu werfen und sich selbst mit der eigenen Sichtweise in Frage zu stellen, ermöglicht, wirklich Neues zu erfahren und dem Unglück einer gescheiterten Liebe einen tauglicheren Versuch mit einem anderen Partner folgen zu lassen, mit dem man demzufolge auch andere, neue Konflikte erlebt.

Allerdings: Dies geht nicht ohne Schmerzen der Selbsterkenntnis ab und die mitunter auch schamvolle Betrachtung eigener Entscheidungen. Auch das schildert Dante, allerdings nicht bezogen auf die Hölle, sondern auf den Läuterungsberg – also den Ort der Buße oder Selbsterkenntnis, wenn man so will:

»Drum gehn sie, ›Sodom‹ schreiend, weg voll Gram,
   beschuldigend sich, wie du vernommen eben,
  Und helfen diesem Brande nach durch Scham.«

Die zeitlich begrenzte Konfrontation mit eigenen Fehlern – eine Art mittelalterlicher Gruppentherapie – führt mithin zur peinlichen, nämlich schambesetzten Läuterung und damit zur Erlösung von der Pein des Ewiggleichen.

Um in der Liebe dem Ewiggleichen zu entkommen, mag man es für angezeigt halten, ständig den Partner zu wechseln, den Reiz des Abenteuers in Nebenbeziehungen oder sein

Heil im Rückzug zu suchen. Doch am Ende wird man sich selbst damit nicht entrinnen können, ebensowenig den Bildern, die man von sich und dem geliebten Menschen entworfen hat. In den Worten von Max Frisch:

»›Du bist nicht‹«, sagt der Enttäuschte oder die Enttäuschte, »›wofür ich dich gehalten habe‹.
Und wofür hat man sich denn gehalten?
Für ein Geheimnis, das der Mensch ja immerhin ist, ein erregendes Rätsel, das auszuhalten wir müde geworden sind. Man macht sich ein Bildnis. Das ist das Lieblose, der Verrat.«

Freilich nicht nur ein Verrat am anderen und der Liebe, sondern am Ende auch am Selbst. Wir sind es müde – um die Worte von Max Frisch zu paraphrasieren –, immer wieder neue Theorien über die Wirklichkeit zu entwerfen und die alten aufzugeben. Das Glück des Neuen hingegen besteht genau darin: in einer Hoffnung auf das Unbekannte, auf ein Land unbekannter und unentdeckter Möglichkeiten, das zu erschließen sich lohnt. Doch die Unruhe, es noch nicht ganz erkundet zu haben, noch weiße Flecken auf der Landkarte zu finden, führt uns in der Liebe in die Erstarrung. Es ist eben diese Unruhe und der Entdeckergeist, der Kinderseelen erfaßt, wenn es um unbekannte Landstriche, Geheimnisse und Rätsel, Märchen und Mythen geht. Was Kinder sich sehnlichst wünschen und lustvoll erleben, wird Erwachsenen leicht zur Plage: nicht alles erkundet und erfahren, vermessen und verplant zu haben.
Der Zauber kindlichen Spiels lebt von der Unbestimmtheit, die zahlreiche, bisweilen auch zahllose Möglichkeiten enthält, von denen glücklicherweise immer nur einige, nie alle erkundet werden. Das Spiel der Liebe und die spielerische Beziehung zwischen zwei Liebenden lebt von den nie

ganz in Erfahrung gebrachten Möglichkeiten. Der Zauber der Liebe ist wie bei Kindern das kleine Wäldchen um die Ecke, das verlassene Grundstück, die Ruine, der Keller im verbotenen Nachbarhaus: Das unerhörte Abenteuer der Nachmittage besteht in der stillschweigenden Übereinkunft, nie alles wissen zu wollen, um den Zauber des Geheimnisses zu wahren, und somit immer wieder in den Reiz des Abenteuers eintauchen zu können.

Den anderen immer wieder neu zu entdecken, das – kindliche – Staunen nicht als Last, sondern als Geschenk zu erleben, erhält den Zauber der Liebe, der uns erfaßt, wenn wir eine große Liebe zum ersten Mal erblicken. Diesen ersten Blick immer wieder neu zu tun, ist die Chance der Liebe, die sich dem Bildnis verweigert.

Dank

Ich bedanke mich bei allen Gesprächspartnern, Kolleginnen und Kollegen, die bereit waren, Statements zu den Themen abzugeben, den Text zu redigieren und mir wertvolle Hinweise zu geben – oft nicht ohne erheblichen persönlichen Aufwand. Mein Dank gilt besonders:

Thomas Auchter, Arno Gruen, Karl-Heinz Karisch, Hartmut Radebold, Udo Rauchfleisch, Gunter Schmidt, Andrea Schneider, Sylvia Schües.

Literaturhinweise

Da das vorliegende Buch zum Teil auf einer Serie basiert, die unter dem Titel »Liebe, Lust und Leidenschaft« in der »Frankfurter Rundschau« erschien, stammen viele Zitate aus Gesprächen, die ich für die damaligen Zeitungsbeiträge führte. Ich gebe nachfolgend Tips zum Weiterlesen oder Literaturhinweise, in denen manche der Zitate nachzulesen sind. Der Lesbarkeit halber habe ich auf wissenschaftliche Zitierweise verzichtet – vielleicht auch, weil mir angesichts des Themas eine allzu strenge Wissenschaftlichkeit doch ein wenig gruselig vorgekommen wäre.

Vorspiel, Vorwort und die Liebe als Spiel

Frisch, M. (1985): Tagebuch 1946–1949. Frankfurt a. M., S. 27.
Stuhr, U.; Leuzinger-Bohleber, M.; Beutel, M. (Hg) (2001): Langzeit-Psychotherapie. Perspektiven für Therapeuten und Wissenschaftler. Stuttgart.

Verliebtheit und Liebeskummer meinen vor allem die eigene Person

Freud, S. (1910): Über einen besonderen Typus der Objektwahl beim Manne. G. W. Bd. VIII. Frankfurt a. M., S. 66–77.

Freud, S. (1914): Zur Einführung des Narzißmus. G. W. Bd. X. Frankfurt a. M., S. 138–170.

Die Kunst der dauerhaften Liebe

Frisch, M. (1985): Tagebuch 1946–1949. Frankfurt a. M., S. 27.

Kernberg, O. F. (1998): Liebesbeziehungen. Normalität und Pathologie. Stuttgart.

Willi, J. (1975): Die Zweierbeziehung. Reinbek.

Willi, J. (1978): Therapie der Zweierbeziehung. Reinbek.

Liebe auf Zeit

Willi, J. (1975): Die Zweierbeziehung. Reinbek.

Der Reiz des Abenteuers

Freud, S. (1930): Das Unbehagen in der Kultur. G. W. Bd. XIV. Frankfurt a. M.

Hilgers, M. (1996): Scham. Gesichter eines Affekts. Göttingen.

Popper, K. R. (1958): Die offene Gesellschaft und ihre Feinde. München.

Aus zwei werden drei

—

Schritte ins Leben

Cierpka, M.; Ott, I.; Schick, A. (ohne Jahr): Faustlos. Ein Curriculum zur Gewaltprävention an Grundschulen (Klasse 1–3). Handout. (Zu beziehen über: Universitätsklinikum Heidelberg, Abt. für psychosomatische Kooperationsforschung und Familientherapie, Bergheimer Straße 54, 69115 Heidelberg)

Fischer, G.; Riedesser, P. (1998): Lehrbuch der Psychotraumatologie. München.

Schneider, A. (2001): Sprechen statt prügeln. Die Faust als Symbol: Heidelberger Grundschüler lernen in einem Projekt den Umgang mit Ärger und Wut. In: Frankfurter Rundschau, 18.1.2001, S. 9.

Stern, D. N. (1992): Die Lebenserfahrung des Säuglings. Stuttgart.

Konflikt, Trennung und der Respekt vor der Würde

—

Die Liebe in den Zeiten
der Patchwork-Restfamilie

—

Der Riß durchs Herz

—

Der Mythos der neuen Lustlosigkeit

Kernberg, O. F. (1998): Liebesbeziehungen. Normalität und Pathologie. Stuttgart.

Schmidt, G. (Hg.) (2000): Kinder der sexuellen Revolution. Kontinuität und Wandel studentischer Sexualität. Gießen.

»Pictures of Lily«

Elias, N. (1997): Über den Prozeß der Zivilisation. Bd. 1 u. 2. Frankfurt a. M.

Duerr, H. P. (1988): Nacktheit und Scham. Der Mythos vom Zivilisationsprozeß. Frankfurt a. M.

Hilgers, M. (1996): Scham. Gesichter eines Affekts. Göttingen.

Nord, C. (2000): Wer weiß, was guter Porno ist. Auf traurige Art wiederholt der antipornographische Diskurs das Diktum, daß anständige Frauen auf keinen Fall Sex um des Sex willen und erst recht keine ausgefallenen Phantasien und

Wünsche haben sollen. In: die tageszeitung, 7.9.2000, S. 13.

Schmidt, G. (Hg.) (2000): Kinder der sexuellen Revolution. Kontinuität und Wandel studentischer Sexualität. Gießen.

Sigusch, V.; Schmidt, G. (1972): Experimentelle Untersuchungen über die Wirkungen psychosexueller Stimuli. In: Der Nervenarzt 43: 307–376.

Stoller, R. J. (1998): Perversion. Die erotische Form von Haß. Gießen.

Der Kern der Perversion ist Feindseligkeit

Clement, U.; Senf, W. (1996): Transsexualität. Behandlung und Begutachtung. Stuttgart.

Hilgers, M. (1997): Macht, Ohnmacht und Gewalt in Paarbeziehungen. In: Höhfeld, K; Schlösser, A.-M. (Hg.), Psychoanalyse der Liebe. Gießen.

Stoller, R. J. (1998): Perversion. Die erotische Form von Haß. Gießen.

»Ich stelle gleich die Ordnung auf«

Freud, S. (1921): Massenpsychologie und Ich-Analyse. G. W. Bd. XIII. Frankfurt a. M., S. 71–161.

Hellinger, Bert (2000): Ordnungen der Liebe. Heidelberg, S. 408–409.

Watzlawick, P.; Beavin, J. H.; Jackson, D. D. (1971): Menschliche Kommunikation. Bern.

Nicht Lust an der Qual, sondern ein
leidenschaftliches Über-Ich ist für
Selbstaufopferung verantwortlich

Schmidbauer, W. (1977): Die hilflosen Helfer. Reinbek.

Wurmser, L. (1993): Das Rätsel des Masochismus. Psychoanalytische Untersuchungen von Über-Ich-Konflikten und Masochismus. Berlin.

Selbstliebe und die Achtung
von Werten und Idealen

Gruen, A. (2000): Der Fremde in uns. Frankfurt a. M., S. 16–19.

Hilgers, M. (1996): Scham. Gesichter eines Affekts. Göttingen.

Hilgers, M. (1999): Das Ungeheure in der Kultur. Psychoanalytische Aufschlüsse zum Alltagsleben. Göttingen.

Lasch, C. (1986): Das Zeitalter des Narzißmus. München.

Lempa, G. (2001): Der Lärm der Ungewollten. Psychoanalytische Erkundungen zu Fremdenfeindlichkeit, Gewalt und politischem Extremismus. Göttingen.

Deutsche Shell (2000): Jugend 2000. 13. Shell-Jugendstudie. Bd. 1 und 2. Opladen.

Bundesministerium für Umwelt, Naturschutz und Reaktorsicherheit (Hg.): Umweltbewußtsein in Deutschland 2000. Ergebnisse einer repräsentativen Umfrage. Umweltbundesamt.

Heimatliebe und Nationalstolz

Ardouin, P. (2001): Stolz wie Löcher. In: Frankfurter Rundschau, 14.4.2001.

Grinberg, L.; Grinberg, R. (1990): Psychoanalyse der Migration und des Exils. München.

Gruen, A. (2000): Der Fremde in uns. Frankfurt a. M., S. 16–19.

Hilgers, M. (1999): Das Ungeheure in der Kultur. Psychoanalytische Aufschlüsse zum Alltagsleben. Göttingen.

Volkan, V. D. (1999): Das Versagen der Diplomatie. Zur Psychoanalyse ethnischer und religiöser Konflikte. Gießen.

Nachwort nach der Liebe

Dante Alighieri: Die Göttliche Komödie. München, 1978, S. 273.

Frisch, M. (1985): Tagebuch 1946–1949. Frankfurt a. M., S. 28.

Popper, K. R. (1994): Logik der Forschung. Tübingen.

Popper, K. R. (1994): Vermutungen und Widerlegungen. Tübingen.

Micha Hilgers bei V&R

Das Ungeheure in der Kultur

Psychoanalytische Aufschlüsse zum Alltagsleben
1999. 109 Seiten, Paperback
ISBN 3-525-01456-2

„... So muss in unregelmäßigen Abständen ein Psychoanalytiker aufstehen und sein Erbe verteidigen. Der eine tut es, indem er die Vorzüge psychoanalytischer Kulturtheorie rühmt, der andere, indem er demonstriert, wie zeitgemäß diese Lehre ist. Micha Hilgers, 46, Analytiker und Publizist aus Aachen, hat sich für Letzteres entschieden. Seiner fast polemikfreien leicht lesbaren Streitschrift ‚Das Ungeheure in der Kultur' ist es gut bekommen, dass sie ursprünglich als Zeitungsserie entworfen wurde ... In der Hilgersschen Form ist die Psychoanalyse weitaus heutiger als sämtliche Vorurteile gegen sie." *Kurt Oesterle, Süddeutsche Zeitung*

„Ich finde das Büchlein ... für Leser außerhalb des Fachpublikums sehr empfehlenswert, besonders wegen der allgemein verständlichen Schilderung komplexer emotionaler Befindlichkeiten."
Heribert Knott, Universitas

Scham

Gesichter eines Affekts
2., durchgesehene Auflage 1997.
219 Seiten, kartoniert
ISBN 3-525-45600-X

„Kurzum, es ist ein für Therapeuten aller Richtungen erkenntnisreiches, wertvolles Buch, das auch dem interessierten Laeien sehr zu empfehlen ist."
León Wurmser, Psyche

„Hilgers Buch gehört m.E. zu den seltenen Büchern, bei denen der Verleger problemlos den Vermerk ‚bei Nichtgefallen Geld zurück' anbringen könnte."
Christoph Pirker, Intra

„Dieses Buch halte ich durch seine Fokussierung auf den Affekt der Scham auf der einen Seite und die Vielfalt der damit verbundenen therapeutischen und gesellschaftlichen Themen andererseits für überaus anregend und lesenswert."
Hanne Bein-Kürten, Systhema

V&R
Vandenhoeck & Ruprecht